Atlas der Entdeckerinnen

Text und Illustrationen:
Riccardo Francaviglia
und Margherita Sgarlata

MIDAS

INHALT

LEBENSMOTTO: NEUGIER

Viele Menschen haben sich ein Leben lang für die Erforschung unseres schönen Planeten und seiner vielen Berge, Flüsse und Wüsten eingesetzt. Manche Entdecker wurden weltberühmt, wie Christoph Kolumbus, Ferdinand Magellan und James Cook – Männer, die im Auftrag von Königen und Königinnen große Expeditionsreisen anführten. Aber es gibt auch Menschen, die sich für ihre Abenteuer ausschließlich auf ihren eigenen Mut und ihre eigenen Mittel verließen. In dieser Gruppe von Entdeckungsreisenden findet man auffällig viele FRAUEN.

Die im Folgenden beschriebenen Entdeckerinnen wählten nie den einfachsten Weg. Zu ihnen gehören FREYA STARK, die als erste westliche Besucherin über die sagenumwobenen »Täler der Assassinen« in Persien berichtete, und JEANNE BARET, die sich als Mann verkleidete, damit sie an einer Expedition um die Welt teilnehmen konnte. Wir erfahren auch, was diese Frauen zu ihren außergewöhnlichen Leistungen beflügelt hat. EDURNE PASABAN bestieg jeden Achttausender der Erde, NELLIE BLY bereiste die Welt in nur 72 Tagen und ALEXANDRA DAVID-NÉEL war die erste Europäerin, die die Stadt Lhasa in Tibet besuchte.

Diese Frauen überwanden die einschränkenden Wertvorstellungen ihrer Zeit oder sogar die religiösen Ansichten ihrer Familien, um ihre Ziele zu verwirklichen. Alle widersetzten sich dem fest gefügten Bild von der Frau als zartes Wesen, dem man kein Durchhaltevermögen zutraute. ANNIE »LONDONDERRY« KOPCHOVSKY nahm eines Tages Abschied von ihrer Familie und brach zu einer Weltreise mit dem Fahrrad auf. ANNIE SMITH PECK bestieg zuerst das Matterhorn in den Alpen, ehe sie sich noch höheren Gipfeln zuwandte (wobei sie immer eine Hose trug).

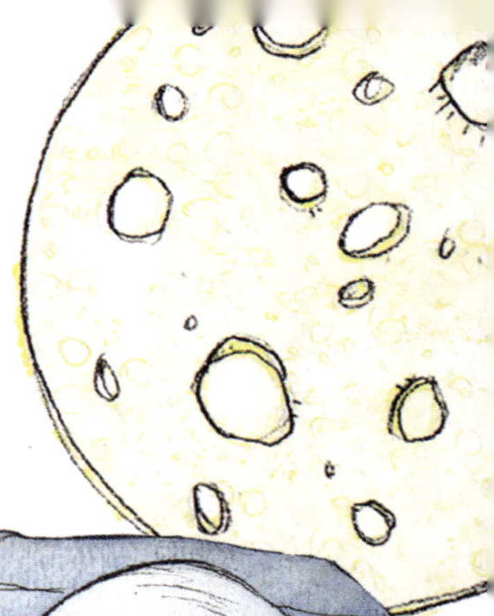

Andere, wie ISABELLA LUCY BIRD, waren tatkräftige Frauen, die ein komfortables oder gemütliches Leben bereitwillig gegen die Abenteuer und Gefahren des Reisens eintauschten. MARIA SIBYLLA MERIAN verließ die heimatlichen Niederlande, um Insekten in den Wäldern von Suriname zu erforschen. ELLA MAILLART befuhr mit dem Auto die staubigen Pisten Asiens. GERTRUDE BELL entwarf Karten von Wüsten, IDA PFEIFFER freundete sich mit Kannibalen an, ebenso wie OSA JOHNSON, die ihre Abenteuer in bahnbrechenden Dokumentarfilmen beschrieb.

Entdeckerinnen fanden Mittel und Wege, um auch unter widrigsten Umständen zu überleben, ja sogar regelrecht aufzublühen. Die Weiten der afrikanischen Savanne inspirierten VIVIENNE DE WATTEVILLE und HARRIET CHALMERS ADAMS zum Bücherschreiben. ISABELLE EBERHARDT durchquerte zu Fuß die arabische Wüste. JUNKO TABEI bezwang Berggipfel, und ANN BANCROFT erreichte den Nord- und den Südpol. Mitreißend liest sich die Geschichte von LAURA DEKKER, die die Weltmeere allein in einem kleinen Segelboot bezwang. GRACE MARGUERITE HAY DRUMMOND-HAY umrundete in einem Luftschiff die Welt, und AMELIA EARHART war die erste Pilotin, die allein über den Atlantik flog. WALENTINA TERESCHKOWA konnte als erste Frau die Erde aus dem All betrachten.

Diese FRAUEN machten mit großer Entschlossenheit und viel Mut das Unmögliche möglich.

Vielleicht bekommst du ja nach dem Lesen dieses Buchs auch Lust, etwas zu erforschen – auf unserer Erde oder irgendwo anders in der Galaxie!

MARIA SIBYLLA MERIAN (1647–1717)

»Ich habe mich von Jugend an mit der Erforschung der Insekten beschäftigt.«

Maria Sibylla Merians Leben stand ganz im Zeichen ihrer großen Liebe zu INSEKTEN und PFLANZEN. Sie lernte malen, weil sie die Natur so faszinierend fand, dass sie sie bis ins kleinste Detail abbilden wollte. Wenn man Ende des 17. Jahrhunderts die Natur erforschen und dokumentieren wollte, musste man sie zeichnen – die Fotografie war noch nicht erfunden.
Maria kam schon früh mit der Kunst in Berührung. Ihr Vater war Kupferstecher. Nach seinem Tod heiratete Marias Mutter einen Blumenmaler. Maria begann bald, Raupen zu zeichnen, um die Stadien der Metamorphose von Insekten kennenzulernen. Sie strebte für ihre ILLUSTRATIONEN eine Vollkommenheit an, die wissenschaftlichen Ansprüchen genügte. Dass sich eine Frau so leidenschaftlich für Insekten interessierte, war damals außergewöhnlich. Solche Lebewesen galten als lästig, abstoßend oder gefährlich.
Von diesen und anderen Vorurteilen ließ sich Maria in ihrem Wissensdurst keineswegs beeinflussen. Sie beschloss, nach Suriname in SÜDAMERIKA zu reisen, um die zahlreichen Pflanzen- und Insektenarten des Regenwalds zu studieren und zu zeichnen.
Nach drei Monaten Segelreise kam Maria mit ihrer TOCHTER DOROTHEA in der Hauptstadt Paramaribo an. Dort wurden die beiden mit offenen Armen empfangen, aber es waren vor allem die Eingeborenen und die Sklaven der niederländischen Siedler, die die wagemutigen Europäerinnen im Regenwald bei ihrer Arbeit unterstützten. Die Reise war sehr erfolgreich. Maria zeichnete nicht nur zahlreiche Insekten, sie brachte auch viele präparierte Exemplare nach Europa zurück. Merians Illustrationen nach der Natur sind wahre Kunstwerke und gelten auch heute noch als die schönsten, die je entstanden sind.

ABERGLAUBE

Marias Zeitgenossen glaubten tatsächlich, Schmetterlinge seien kleine geflügelte Hexen, die sich am liebsten von Butter ernährten. Dieser Irrglaube lebt noch heute im englischen Wort »Butterfly« für Schmetterling fort.

EINE MUTIGE FRAU

Als Maria merkte, dass ihr Ehemann die Familie allein nicht ernähren konnte, beschloss sie, ihre Zukunft selbst in die Hand zu nehmen. Neben der Erziehung der Kinder und dem Führen des Haushalts unterrichtete sie Malerei und Stickerei und lieferte berühmt gewordene Illustrationen für naturkundliche Bücher.

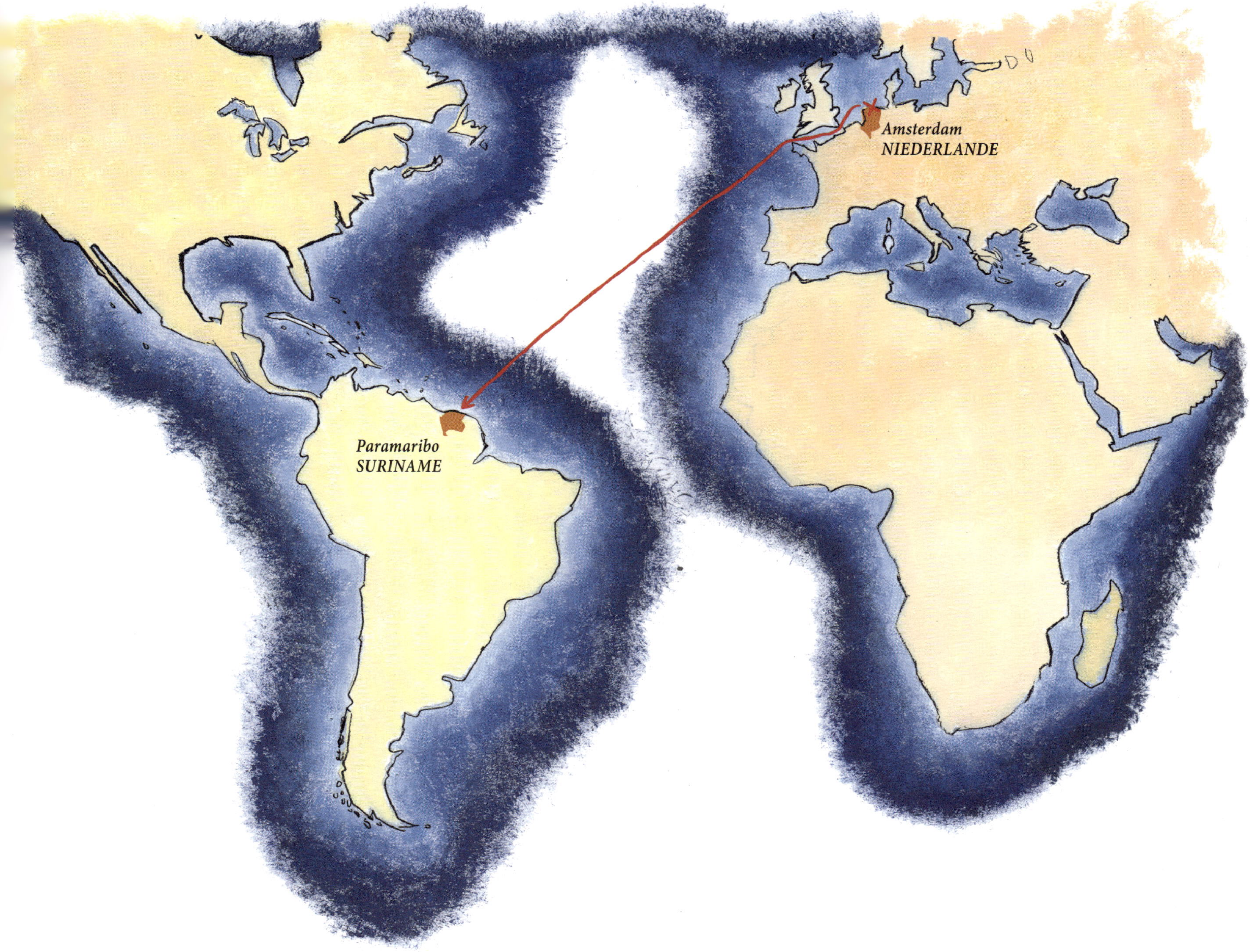

VORLIEBE FÜR TULPEN

Maria wuchs in Deutschland auf. Nach ihrer Heirat zog sie nach Nürnberg, wo sie schöne Gärten mit Pflanzen aus exotischen Ländern besuchen konnte. Tulpen mochte sie ganz besonders. Diese stammten ursprünglich aus Zentralasien und kamen über die Türkei nach Europa, wo sie besonders in Marias späterer Wahlheimat Niederlande gezüchtet wurden.

DIE BUCHILLUSTRATORIN

Marias 20-jährige Tochter Dorothea begleitete ihre Mutter nach Suriname. Während der Reise fertigte Maria zahlreiche Illustrationen an. Viele davon erschienen in ihrem berühmtesten Werk, *Der Raupen wunderbare Verwandelung, und Sonderbare Blumen-Nahrung.*

»Ich bewundere meine Mutter sehr. Sie blieb ihrer Leidenschaft immer treu, hat aber auch nie ihre Familie vernachlässigt. Als sie sich mit 52 Jahren entschied, eine lange Reise anzutreten, versuchten alle, sie davon abzubringen: ›Die Überfahrt wird beschwerlich sein, und in Suriname werdet ihr beide unvorstellbaren Gefahren ausgesetzt sein!‹ Sie sagten ›ihr beide‹, weil ich mich schließlich entschied, mit ihr zu gehen.
Die Reise war unglaublich, aber auch anstrengend. Meine Mutter beklagte sich niemals und verlor nie ihre grenzenlose Begeisterung.
Meine Ankunft in Amerika und das Kennenlernen einer neuen Welt, eigentlich eines sehr kleinen Teils davon, der aus unserer Sicht riesig wirkte, ließen mich darüber nachdenken, wie viel Schönheit es gibt und an wie vielen Orten sie existiert. Für diese Erkenntnis kann ich meiner Mutter nicht dankbar genug sein. Sie versuchte, durch ihre Illustrationen ein wenig von der Pracht Surinames nach Hause mitzubringen. Wir hoffen, dass unsere Arbeiten den Menschen gefallen. In meinem Herzen bewahre ich die Gefühle, die diese herrlichen Wälder in mir weckten. Deren Wunder und die fremdartigen Gerüche dort bleiben in meiner Vorstellung lebendig.«

Dorothea

JEANNE BARET (1740–1807)

»Wie sollte man Baret als Frau erkennen, während sie unermüdlich und mit großer botanischer Fachkenntnis ihren Herrn bei jeder Exkursion begleitete [...] und mutig und kraftvoll Proviant, Waffen und Bestimmungsbücher auf unwegsamen Pfaden schleppte?« – Louis-Antoine de Bougainville

Am 15. November 1766 verließ eine Schiffsexpedition unter der Leitung des GRAFEN LOUIS-ANTOINE DE BOUGAINVILLE den Hafen von Nantes in Frankreich. In dieser Epoche großer Entdeckungen hatte der französische König Ludwig XV. den Grafen beauftragt, die Welt auf der Suche nach neuen Eroberungen im Südpazifik zu UMRUNDEN. Bougainville kommandierte zwei Schiffe: *L'Étoile* und *La Boudeuse*.
Wegen ihrer Bedeutung wurde die Mission von Wissenschaftlern begleitet, darunter der Botaniker Philibert Commerson und sein Assistent *Jean Bonnefoy*.
Aber Jean Bonnefoy war eigentlich eine verkleidete Frau namens Jeanne Baret. Damals durften Frauen nur als Passagiere, nicht aber als Crewmitglieder an Bord gehen. Jeannes Wunsch mitzureisen war jedoch so groß, dass sie sich mit Commersons Hilfe ALS MANN AUSGAB, um mit ihm auf die Expedition gehen zu können.
Jeanne war auf dem Land aufgewachsen, sie liebte Pflanzen und Kräuter. Commerson, ein bekannter Gelehrter, hatte sich nach dem Tod seiner Frau in Jeanne verliebt. Sie verspürten die Sehnsucht aller Naturforscher nach der Erkundung unbekannter Gegenden. Durch die Teilnahme an der Expedition von Bougainville konnten sich beide ihren Wunsch erfüllen.
Die Reise erwies sich jedoch als schwierig für Jeanne, die sich ständig bemühen musste, ihre wahre Identität vor dem Rest der Mannschaft zu verbergen. Leider wurde Jeanne bei der Ankunft in Tahiti von einem Einheimischen sofort als Frau erkannt. Danach konnte sie nicht mehr bei der Mannschaft bleiben.
Als Jeanne und Commerson MAURITIUS erreichten, beschlossen sie, die Expedition zu verlassen und sich auf der Insel anzusiedeln, wo beide bis zum Tod Commersons lebten. Dann kehrte Jeanne nach Frankreich zurück – als erste Frau, die erfolgreich die Welt umrundet hatte.

EIN FEINES NÄSCHEN

Man sagt, dass ein Tahitianer Jeanne als Frau erkannte, weil sie anders roch als die Männer, die an Bord keinen großen Wert auf körperliche Hygiene legten.

DAS WERKZEUG DER NATURFORSCHER

Nachdem ihn ein Hund gebissen hatte, musste Commerson Jeanne die gesamte Schwerarbeit überlassen. Ausrüstung, Proviant, hölzerne Pressen für Pflanzenpräparate, ein Spaten, ein Zelt, Glasröhrchen für Pflanzensamen und Schachteln für Insekten, Lupen, Teleskop, Kompass und ein Fangnetz für Schmetterlinge mussten an Land gebracht werden.

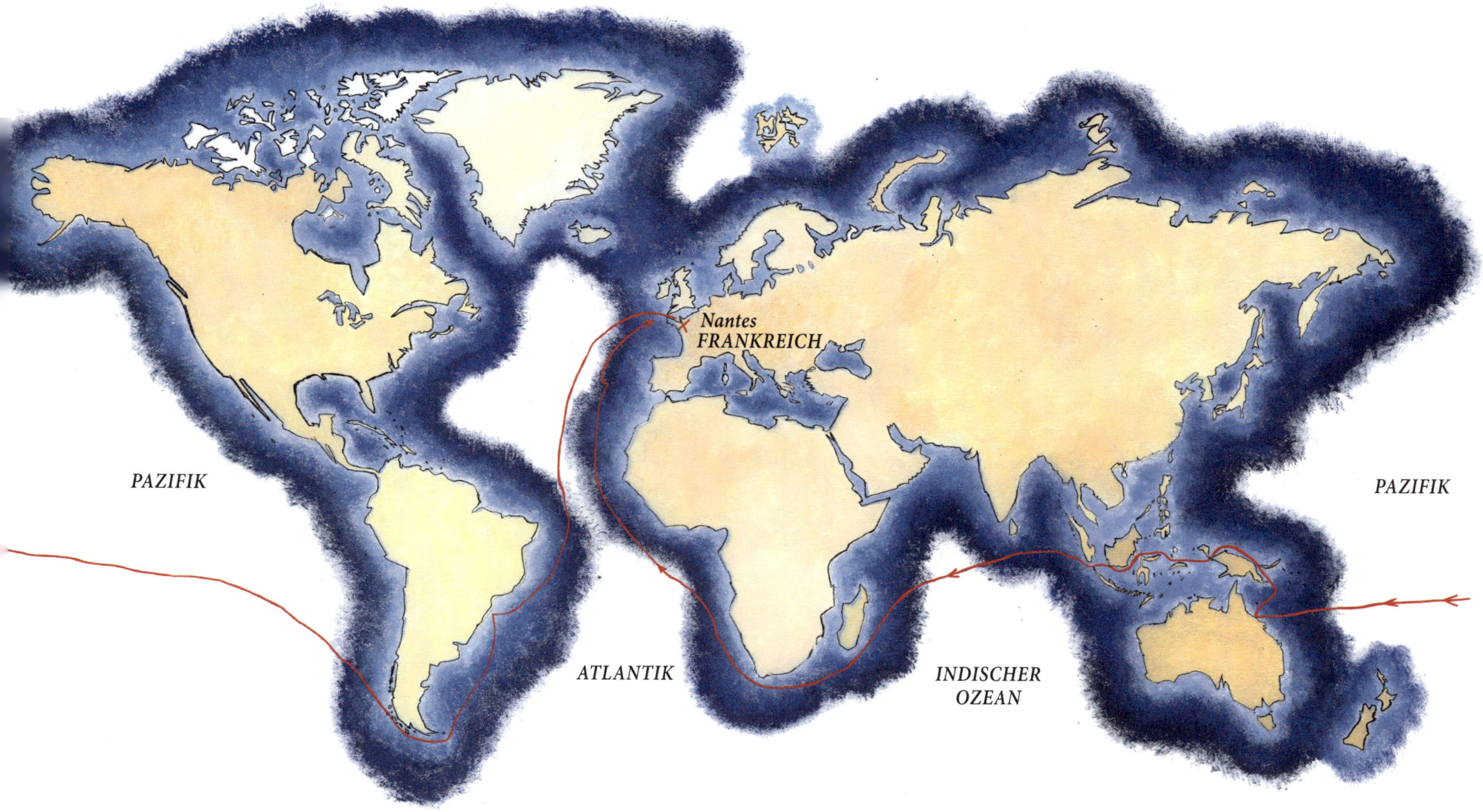

DAS ENDE DER *LA BOUDEUSE*

Die *La Boudeuse* war eine schöne Fregatte von 40 Metern Länge und 10 Metern Breite. Ungeachtet seiner historischen Bedeutung wurde das Schiff 1800 abgewrackt. Sein Holz diente zum Beheizen von Backöfen.

ERINNERUNG AN JEANNE BARET

Jeanne hatte eigentlich nicht geplant, die Welt zu umsegeln, war aber dennoch die erste Frau, der das gelang. Ihre Leistungen und Beiträge zu wissenschaftlichen Entdeckungen gerieten lange Zeit in Vergessenheit. 2012 wurde eine neue Art Nachtschattengewächs nach ihr benannt, und seit 2018 trägt ein Gebirge auf dem Zwergplaneten Pluto ihren Namen.

BOUGAINVILLEA

In Rio de Janeiro in Brasilien entdeckte Jeanne eine schöne Pflanze mit rosa und violetten Blüten. Sie nannte sie *Bougainvillea* nach dem Leiter der Expedition. Heute blühen Bougainvilleen in Gärten in aller Welt.

»Ich verbrachte Jahre damit, über Büchern zu brüten, um die Geheimnisse der Natur aufzudecken, aber als ich schließlich meinen Kopf hob, um mich umzusehen, wurde mir klar, dass mir das nur draußen gelingen würde. Also beschloss ich, nach Burgund aufs Land zu ziehen, wo ich eine junge Frau namens Jeanne kennenlernte. Ich verliebte mich sofort in sie. Es waren ihre Leidenschaft für Pflanzen und ihre Augen voller Neugierde auf die Welt, die mein Herz eroberten. Wir beide träumten davon, unbekannte Weltgegenden mit Wildnis zu erkunden. Als sich die Gelegenheit bot, an der Bougainville-Expedition teilzunehmen, griffen wir beide sofort zu.
Wir sind uns der Risiken bewusst. Wir wissen, dass uns Strafe droht, wenn die Besatzungsmitglieder an Bord der Étoile entdecken, dass Jeanne eine als Mann verkleidete Frau ist. Aber ohne sie wäre ich nicht in der Lage, dieses Erlebnis durchzustehen. Wir brauchen unsere vier Augen, um die Welt zu begreifen und ihre Wunder zu beschreiben.
Heute, als wir die Magellanstraße durchquerten, bemerkte ich auf See eine Delfinart, die ich noch nie zuvor gesehen hatte. Ich rief Jeanne. Sie kam zu mir und flüsterte mir ins Ohr: ›Du bist der erste Naturforscher, der diese Art sieht, also wird sie deinen Namen tragen.‹«

Philibert Commerson

IDA PFEIFFER (1797–1858)

»Beim Gedanken, dass sich diejenigen, die mich nur wegen meiner Reisen kennen, mehr einen Mann als eine Frau vorstellen, muss ich schmunzeln.«

Ida Pfeiffer wurde von ihrem Vater genauso erzogen wie ihre fünf Brüder. Lange Zeit trug sie nicht einmal einen Rock. Nach dem Tod des Vaters versuchte ihre Mutter, die Tochter wieder in ein »wohlerzogenes« Mädchen zu verwandeln, allerdings vergeblich. Ein Hauslehrer sollte ihr alles beibringen, was man als Frau im Österreich des frühen 19. Jahrhunderts wissen musste: Musik, Nähen, Literatur und GEOGRAFIE. Diese faszinierte Ida am meisten, und sie begann, von der Erkundung der Welt zu träumen.

Sie heiratete einen Anwalt und bekam zwei Kinder, wurde aber bald Witwe. Als ihre Kinder erwachsen waren, beschloss sie, ihre Träume in die Tat umzusetzen. 1842, mit 45 Jahren, begab sie sich auf ihre erste Reise und entschied sich für PALÄSTINA als Ziel. Unterwegs kam sie ans Schwarze Meer, in die Türkei, ans Tote Meer, nach Ägypten und Italien.

Während der Reise schrieb sie ein Tagebuch, das später anonym veröffentlicht wurde. Der ERFOLG DES BUCHS ermutigte sie zu einem noch ehrgeizigeren Vorhaben, nämlich zu einer Weltreise. Schließlich unternahm sie zwei jahrelange Reisen UM DIE WELT, auf denen es ihr gelang, alle Kontinente zu besuchen.

Als im Jahr 1857 nur noch die Insel Madagaskar auf dem Programm stand, infizierte sie sich dort mit einer Tropenkrankheit und musste nach Wien zurückkehren, wo sie im Alter von 61 Jahren starb.

Dank ihrer Entschlossenheit und ihres Unternehmungsgeists gilt sie als eine der bedeutendsten Reisenden des 19. Jahrhunderts.

SELBST IST DIE FRAU

Die damalige Frauenkleidung eignete sich nicht für Abenteuerreisen. Ida nähte sich ihre Sachen selbst: Kniehosen, Tunika, einen Rock, der sich nach Bedarf länger oder kürzer tragen ließ. Dazu trug sie Hüte aus Bananenblättern oder Bambus, um ihren Kopf vor der Sonne zu schützen.

FAST IMMER ZU FUSS

Ida legte insgesamt 260 000 Kilometer auf See und 330 000 Kilometer auf dem Landweg zurück. Dabei nutzte sie jedes denkbare Transportmittel: Schiffe, Dampfer, Kamele, Kutschen und, am wichtigsten, ihre Füße!

KNAPP ENTKOMMEN

Als erste Europäerin lebte sie unter den Kannibalen von Batak auf der Insel Sumatra. Eines Tages bemerkte sie, dass man wohl ausgerechnet sie als Hauptspeise auserkoren hatte. In ihrer Verzweiflung erklärte sie den Stammesmitgliedern, dass ihr Fleisch wegen ihres Alters zu zäh und damit ungenießbar sei. Der Häuptling der Batak fand das wohl so amüsant, dass er sie gehen ließ.

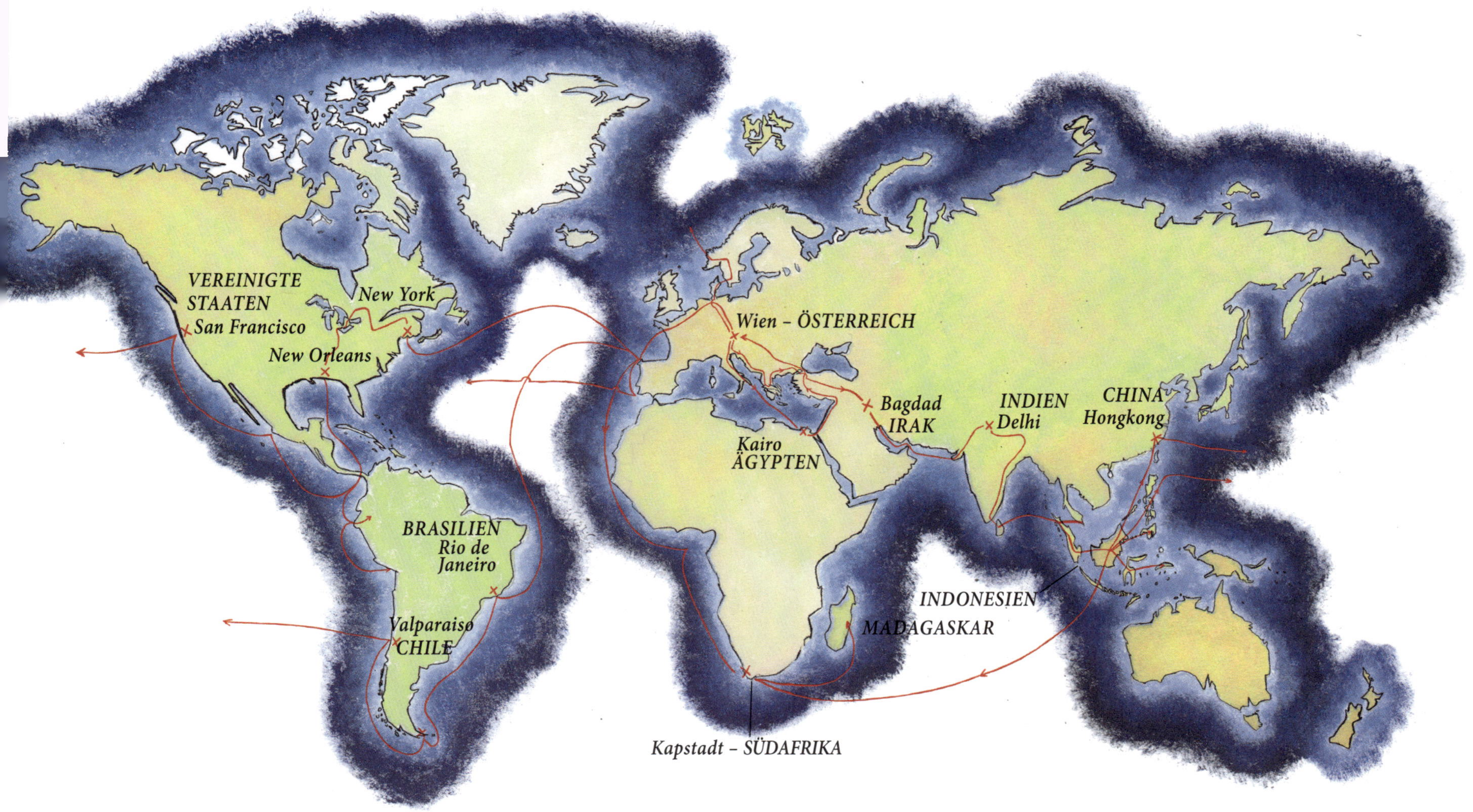

EHRUNGEN

Ida Pfeiffer war so berühmt, dass der von ihren Leistungen sehr beeindruckte deutsche Naturforscher Alexander von Humboldt sie für eine Mitgliedschaft in der Gesellschaft für Erdkunde zu Berlin und der Société de Géographie in Paris vorschlug, die damals nur Männer aufnahmen.

SAMMLUNGEN

Im Rahmen ihrer Reisen sammelte Ida Hunderte Präparate von Tieren und Pflanzen. Heute kann man diese in Museen rund um die Welt bewundern. Ida entdeckte auch viele neue Arten, von denen manche sogar nach ihr benannt wurden, wie *Boophis idae*, ein kleiner Frosch, den es nur auf Madagaskar gibt.

»Ich bin auf meinen Reisen um die Welt vielen verschiedenen Kulturen begegnet, darunter vielen Menschen, die weit von meinen Vorstellungen von Zivilisation entfernt sind. Ermüdet von diesen Kulturen, verließ ich sie und ging nach Russland,

wo ich glaubte, dass ich mich unter die gewöhnlichen Menschen um mich herum mischen und im Geist gleicher Moral und gleicher Sitten leben könnte. Ich habe mich geirrt. Als ich ankam, wurde ich verhaftet und wie ein Tier in einem Käfig gefangen gehalten. Während dieser niederschmetternden Tage dachte ich viel über die Dörfer nach, die ich besucht hatte, und über die Urteile, die ich über jene Völker verkündet hatte. So ungehobelt und unverständlich mir diese damals erschienen, sie hätten nie daran gedacht, mich so zu demütigen oder mich als Feind zu behandeln. Deshalb bin ich jetzt hier, in den undurchdringlichen Wäldern von Borneo. Ich bin gekommen, um die gefürchteten Dayak-Stämme zu treffen, die als Kopfjäger verschrien sind. Tatsächlich habe ich unter ihnen Menschen von ungewöhnlicher Freundlichkeit und großer Aufrichtigkeit getroffen, und das steht in scharfem Gegensatz zu den schrecklichen Dingen, die man von ihnen erzählt. Ich muss mich daher fragen, wie es dem zivilisierten Westen gelungen ist, noch größere Gräueltaten zu begehen, ohne sich selbst jenen Ruf einzuhandeln, den er diesen Kulturen zuweist.«

ISABELLA LUCY BIRD (1831–1904)

»Ich fand traumhafte Schönheit, die man ein ganzes Leben lang seufzend betrachten könnte.«

Als Mädchen war Isabella oft krank. Sie litt an Atemwegserkrankungen, Rückenschmerzen und Schlaflosigkeit. Nach längerer Behandlung riet ihr Hausarzt 1854 dazu, sie eine weite Reise unternehmen zu lassen. Ihr Vater unterstützte sie mit 100 Pfund Sterling – damals eine gewaltige Summe – und schickte sie zu Verwandten in die USA.
Die ungewöhnliche Kur hatte Erfolg, und Isabellas Gesundheitszustand besserte sich. Während der Reise durch fast ganz NORDAMERIKA führte sie ein Tagebuch, das sie später, nach ihrer Rückkehr nach England, anonym veröffentlichte. Sie erkannte ihr TALENT FÜR DIE SCHRIFTSTELLEREI und dass Reisen ihr guttat. Von jetzt an finanzierte sie ihre neue Leidenschaft, indem sie Artikel für verschiedene Zeitungen ihres Heimatlandes schrieb.
Im Jahr 1872 brach sie zu einer zweiten langen Reise auf, besuchte wieder Nordamerika und hielt sich eine Zeit lang in Australien und auf Hawaii auf.
Der Briefwechsel mit ihrer Schwester Henrietta, der sie von ihren Abenteuern berichtete, wurde in verschiedenen Zeitschriften veröffentlicht und diente als Stoff für mehrere erfolgreiche Bücher. Isabella war nun fast ständig unterwegs und schrieb unentwegt. Jedes neue Buch erzählte von einer ihrer Reisen. Mit den Honoraren dafür finanzierte sie die nächste Expedition.
Während die meisten Frauen dieser Zeit zu einem Leben in eintöniger Häuslichkeit verdammt waren, wirkte Isabella wie eine REVOLUTIONÄRIN. Indem sie Berge und Vulkane bestieg, Karawanen durch die Wüste führte, zu Pferd Schneestürme überstand, zahlreiche Unfälle überlebte und sogar Krankenhäuser in Indien gründete, rüttelte sie an zahlreichen Tabus.
Sie besuchte Japan, China, Indien, Tibet, den Nahen Osten, Korea und Marokko. Sie wurde in ihrer Heimat England so berühmt, dass man sie als erste Frau in die renommierte Royal Geographical Society aufnahm.

MULTITALENT

Isabella war nicht nur Schriftstellerin, sie war auch eine geübte Fotografin und talentierte Zeichnerin. Ihre Fotos und Skizzen lassen die von ihr besuchten Orte lebendig werden.

IM GALOPP

Isabella konnte reiten wie ein Mann, also nicht seitlich im Damensitz, sondern rittlings auf dem Pferderücken. Sie trug gerne bequeme weite Reithosen, die sie auf einer ihrer Reisen erworben hatte.

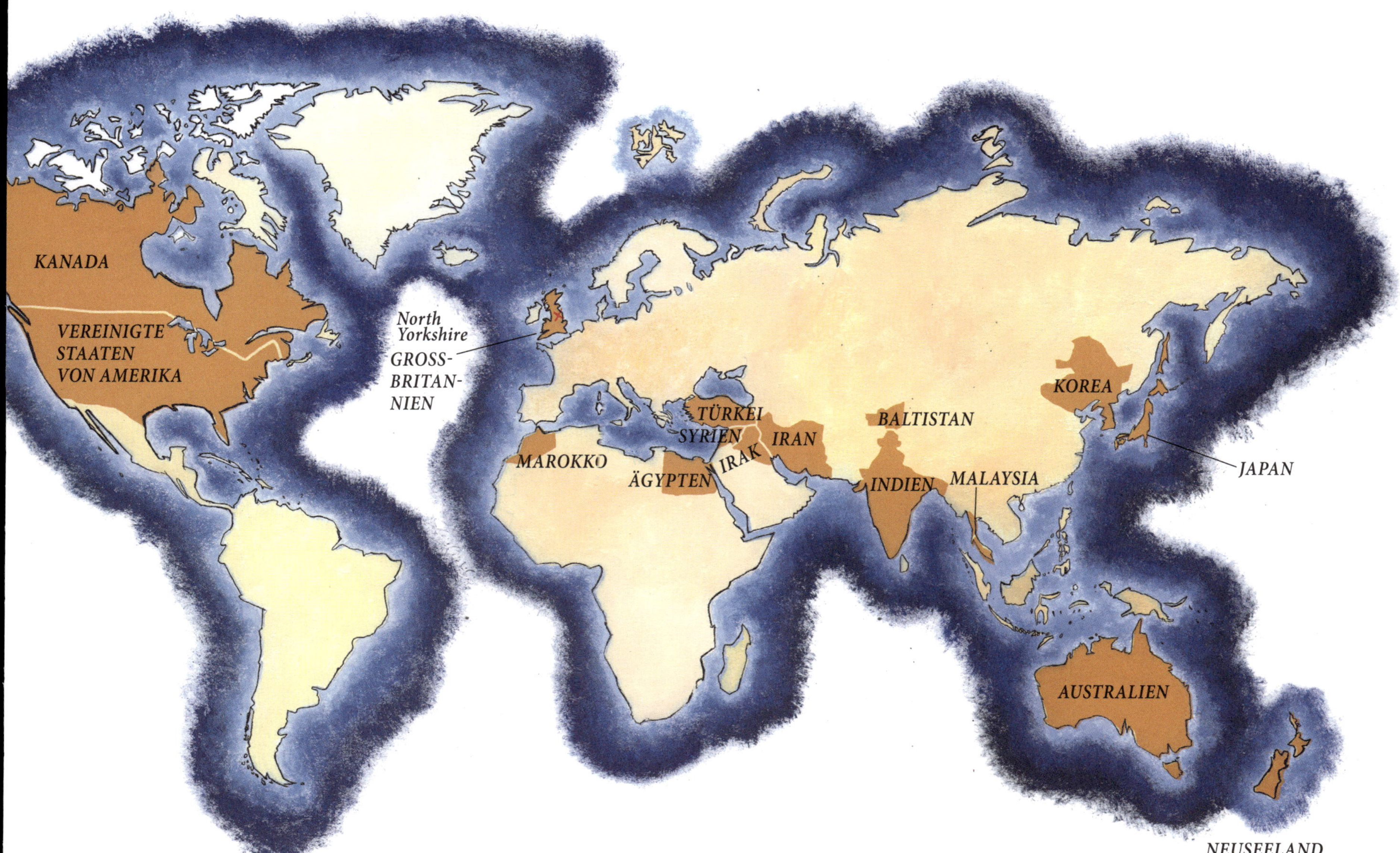

BANDITENLIEBE

Während sich Isabella 1873 in den Vereinigten Staaten aufhielt, lernte sie in Colorado einen Banditen namens Jim Nugent kennen, der sich in sie verliebte. Sie erkundeten zusammen die Rocky Mountains, aber heiraten wollte Isabella ihn nicht. In einem Brief an ihre Schwester beschrieb sie ihn als gut aussehenden Mann (obwohl er nur noch ein Auge hatte), der sein weiches Herz unter einer rauen und gewalttätigen Schale verbarg.

EIN LEBEN VOLLER RISIKEN

Isabella kam nach China, während sich das Land im Krieg mit Japan befand. Sie wurde der Spionage beschuldigt und von einer wütenden Menschenmenge in ein brennendes Haus gesperrt. Sie entkam nur, weil eine Gruppe chinesischer Soldaten eingriff und sie befreite.

ANNIE SMITH PECK (1850–1935)

»Heimat ist, wo mein Koffer steht.«

Als einziges Mädchen unter den vier Kindern von Ann und George Peck stand Annie im ständigen Wettbewerb mit ihren Brüdern. Alle versuchten, sich gegenseitig zu übertreffen, und sie konnte immer mithalten. Als ihre Bewerbung an der Brown University, wo ihre Brüder studierten, wegen ihres Geschlechts abgelehnt wurde, gab sie nicht auf. Ihre Familie wollte, dass Annie ein »frauengemäßes« Leben führte, doch sie schrieb sich stattdessen an der University of Michigan zum Studium ein – denn dort wurden auch Frauen angenommen. Dort studierte sie Latein und Altgriechisch und schloss mit 27 Jahren ihr EXAMEN mit Auszeichnung ab.
Es blieb nicht bei Annies herausragenden akademischen Leistungen. Auf ihrer ersten Europareise entdeckte sie in Italien ihre Leidenschaft für den ALPINISMUS, die sie später berühmt machen sollte. Schon der Anblick des MATTERHORNS faszinierte sie so sehr, dass sie mit dem Bergsteigen begann.
Nach ihrer Rückkehr in die Heimat begann sie, intensiv zu trainieren. 1888 bezwang sie ihren ersten großen Gipfel, den 4322 Meter hohen Mount Shasta in Kalifornien. Gewissenhaft bereitete sich Annie auf ihr wichtigstes Ziel vor: die Besteigung des Matterhorns. 1895, zehn Jahre nach ihrem ersten Besuch, bestieg sie endlich den 4478 Meter hohen Berg. Dieses Kunststück machte sie berühmt. In den Jahren danach bestieg sie noch höhere Berge, darunter den 5636 Meter hohen Citlaltépetl in Mexiko und dem 6768 Meter hohen Huascarán in Peru. Sie war die erste Bergsteigerin überhaupt, die in solche Höhen vordrang.
Als Frau musste Annie immer VORURTEILEN ENTGEGENTRETEN, um ihre Ziele zu verwirklichen, sowohl als Wissenschaftlerin als auch als Bergsteigerin. Mit ihrer Hartnäckigkeit wurde sie zum Vorbild für Frauen aus aller Welt, und sie forderte immer wieder dazu auf, die Benachteiligung von Frauen zu überwinden.

DIE SKANDALFRAU

Nachdem Annie das Matterhorn bestiegen hatte, kritisierten manche Zeitungen ihre Kleidung als »unanständig« und »empörend«. Monatelang sprach man von nichts anderem als ihren Hosen!

ES IST NIE ZU SPÄT

Annie entdeckte ihre Leidenschaft für den Alpinismus bekanntlich erst im Erwachsenenalter. Das Matterhorn bestieg sie mit 45, den Vulkan Coropuna in Peru mit 65 und ihren letzten Berg bezwang sie mit 82 Jahren.

EHRUNGEN

Annie war Mitglied der britischen Royal Geographical Society und der Society of Woman Geographers. Sie gehörte zu den Mitbegründern des American Alpine Club. 1928 wurde der Nordgipfel des Huascarán in Peru ihr zu Ehren »Cumbre Aña Peck« benannt.

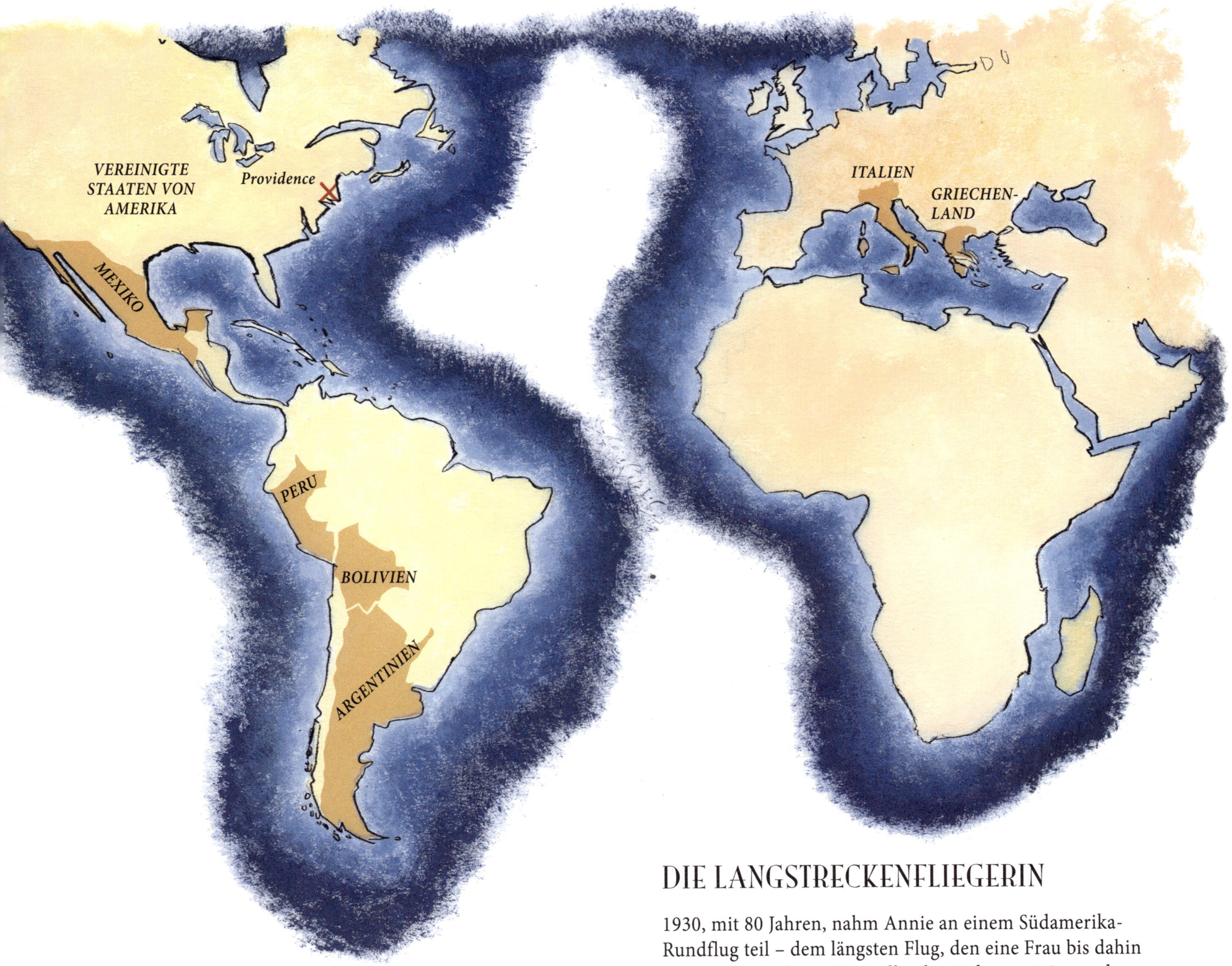

DIE LANGSTRECKENFLIEGERIN

1930, mit 80 Jahren, nahm Annie an einem Südamerika-Rundflug teil – dem längsten Flug, den eine Frau bis dahin unternommen hatte. Sie wollte damit demonstrieren, dass das Flugzeug ein sicheres Verkehrsmittel ist, mit dem man die Welt bereisen kann.

NELLIE BLY (1864–1922)

»Alles, was ich schreibe, kommt von Herzen. Und dabei bleibt es auch.«

Als Elizabeth Jane Cochran einen Zeitungsartikel mit dem Titel »WOZU SIND FRAUEN GUT?« las, ahnte sie nicht, wie sehr dieser Moment ihr Leben verändern würde. Der empörte Leserbrief, den sie mit der Unterschrift »Ein einsames Waisenkind« an die Zeitung schickte, veranlasste den Herausgeber, die mysteriöse Verfasserin vom Fleck weg zu engagieren. Elizabeths Einstieg in den JOURNALISMUS verlief also höchst ungewöhnlich.

1887 begann sie, für die Tageszeitung *THE NEW YORK WORLD* zu arbeiten, deren Verleger und Chefredakteur Joseph Pulitzer ihr nicht nur das Pseudonym NELLIE BLY gab, sondern auch auf ihren Vorschlag einging, als investigative Reporterin zu arbeiten. Elizabeth ließ sich mit falschen Papieren für zehn Tage in ein Heim für nervenkranke Frauen aufnehmen. Sie dokumentierte die ständigen Misshandlungen von Patientinnen durch das Personal in einer Artikelserie und löste damit einen riesigen Skandal aus.

Der Mut und die Entschlossenheit, die sie dabei bewiesen hatte, führten dazu, dass die Zeitung sie mit immer schwierigeren Aufgaben betraute. Im Jahr 1888 kam Joseph Pulitzer auf die Idee, sie auf den Spuren von PHILEAS FOGG, der Hauptfigur von Jules Vernes berühmtem Roman *In 80 Tagen um die Welt*, auf Reisen zu schicken. Nellie Bly nahm den Vorschlag begeistert an und entschloss sich, das Vorhaben allein umzusetzen.

Sie verließ am 14. November 1889 die Stadt Hoboken in New Jersey. Die Reise erregte große Aufmerksamkeit, und die Leser der Zeitung verfolgten gebannt Nellies Abenteuer. Sie schickte ihre Artikel aus allen Teilen der Welt an die Zeitung. Nach Stationen in England, Frankreich, Italien, Ägypten, dem Jemen, in Sri Lanka, Malaysia, Singapur, China und Japan kehrte sie am 25. Januar 1890 in die Vereinigten Staaten zurück. Tatsächlich schaffte sie es, die Reise in 72 TAGEN, 6 STUNDEN, 11 MINUTEN UND 14 SEKUNDEN zu bewältigen – ein Beweis, dass Frauen in der Lage waren, ganz allein große Leistungen zu vollbringen.

NUR DAS NÖTIGSTE

Nellie verzichtete darauf, einen Revolver mitzunehmen, und packte nur das Nötigste in ihre Ledertasche: Schreibutensilien, Nähzeug, einen Morgenmantel, drei Schals, eine Tasse, zwei Hüte, ein Paar Pantoffeln, eine Windjacke, Unterwäsche und ein paar Stofftaschentücher. Leider vergaß sie ihren Fotoapparat.

NELLIES LEBEN ALS BRETTSPIEL

Nellie war so berühmt, dass eine Zeitung die Herstellung eines Brettspiels unterstützte, das *Mit Nellie Bly um die Welt* hieß und bei dem die Spieler den Spuren der Reisenden folgten.

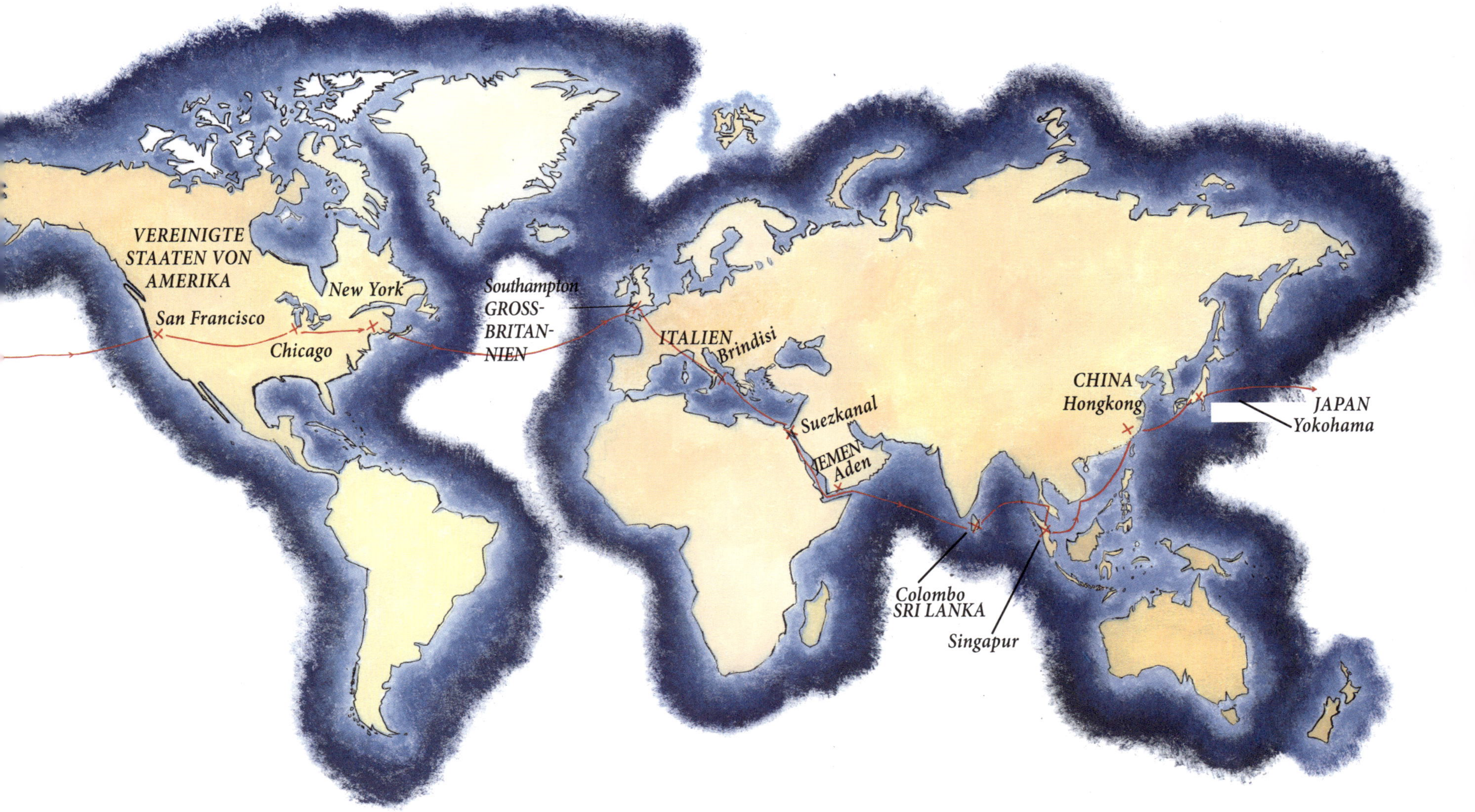

FRANCIS TRAIN

Weltreisen waren Ende des 19. Jahrhunderts in Mode, und viele versuchten ihr Glück – ein Amerikaner namens Francis Train sogar dreimal. Seine dritte Reise schaffte er in 67 Tagen und brach damit Nellies Rekord.

JULES VERNE

Während ihrer Reise machte Nellie einen Abstecher in die französische Stadt Amiens, um den Autor Jules Verne zu treffen, der von ihrem Abenteuer gehört hatte und sich mit ihr darüber unterhalten wollte.

New York Wo

»Dieses Mädchen ist wirklich eigensinnig! Ich habe ihr tausend Mal geraten, einen meiner Assistenten mitzunehmen, aber sie wollte nicht auf mich hören. Sie macht mich ganz verrückt mit ihrem ständigen ›NEIN‹. Sie bestand darauf, alles allein zu machen, dass sie es schaffen und mir beweisen würde, dass eine Frau durchaus fähig ist, in jeder Situation für sich selbst zu sorgen. Schließlich gab ich nach und ließ sie gehen, denn sie besitzt – wenigstens als Journalistin – mehr Mut als praktisch alle ihre männlichen Kollegen.
Sie ist vor 71 Tagen abgereist, wobei sie die Tür hinter sich zuknallte. Morgen kehrt sie von ihrer Reise zurück, als ein Phänomen mit weltweiter Bekanntheit!«

Joseph Pulitzer

GERTRUDE BELL (1868–1926)

»Eine Morgendämmerung in dieser Wüste ist wie das Erwachen im Herzen eines Opals. Aus den Höhlen erheben sich Nebelschleier, Tautropfen zeichnen geisterhafte Spuren auf schwarze Zeltbahnen, alles angeleuchtet zuerst vom sanften Lichthauch des östlichen Himmels und dann von den kräftigen gelben Strahlen der aufgehenden Sonne.«

Gertrude Bell war Entdeckerin, Bergsteigerin, Schriftstellerin, Kartografin und Agentin. Die Tochter einer vermögenden englischen Familie bestand als erste Frau an der UNIVERSITÄT OXFORD mit Auszeichnung eine Prüfung im Fach Geschichte. 1892 reiste sie erstmals nach Persien, um in Teheran ihren Onkel, den britischen Botschafter, zu besuchen. Die Erlebnisse verarbeitete sie in ihrem ersten Reisebuch, *Persische Reisebilder*. Von nun an schrieb sie beständig über ihre Abenteuer.

In den folgenden Jahren reiste sie um die Welt, interessierte sich besonders für ARCHÄOLOGIE, studierte viele Sprachen: Sie konnte fließend Französisch, Deutsch, Italienisch, Arabisch und Persisch. Doch erst 1900, in Arabien, traf sie auf ihre wahre Liebe, die WÜSTE. Diese Faszination hielt für den Rest ihres Lebens an. Sie erforschte Arabien und knüpfte wichtige Kontakte zu Scheichs, Mullahs und Stammeshäuptlingen. Sie erhielt den Beinamen »al-Khatun«, »die edle Frau«, weil sie auch auf Reisen stets auf Komfort und schöne Kleidung Wert legte.

In Mesopotamien lernte sie den Archäologen Thomas Edward Lawrence kennen, mit dem sie die Wüste auf der Suche nach im Sand versunkenen Ruinen alter Städte durchquerte. Oft war sie die erste Frau aus dem Westen, die diese Gebiete betrat, und sie erfasste viele davon erstmals in Form von Landkarten.

Während des Ersten Weltkriegs rekrutierte die britische Regierung sie als GEHEIMAGENTIN für ihren Mesopotamien-Feldzug. Die Briten wollten wichtige Ölfelder in dieser Region gegen das Osmanische Reich sichern. Die ausgezeichnet informierte Abenteurerin sollte ARABISCHE STÄMME finden, die den englischen Interessen gewogen waren. Gertrudes Kontakte trugen entscheidend zur Stabilisierung der britischen Vorherrschaft in der Region bei. Sie war so gut, dass sie am Ende des Krieges mit der Aufgabe betraut wurde, die Grenzen für den Staat Irak festzulegen, der bis dahin Teil des Osmanischen Reiches gewesen war. Auch an der Auswahl der zukünftigen Regierungsmitglieder war sie beteiligt.

Nach dem Ende ihrer Mission widmete sie sich wieder der Archäologie und unterstützte die Gründung des ARCHÄOLOGISCHEN NATIONALMUSEUMS in Bagdad. Sie vermachte der Einrichtung ihr gesamtes Erbe. Gertrude starb im Alter von fast 58 Jahren im Irak, wo man sich noch heute an sie als eine der einflussreichsten Frauen ihrer Epoche erinnert.

LAWRENCE VON ARABIEN

Wie Gertrude war auch Thomas Edward Lawrence, berühmt geworden als Lawrence von Arabien, ein wichtiger Geheimagent. Heute kennt man ihn vor allem aus dem Film von 1962, der seinen Namen trägt und in dem Frauen praktisch nicht vorkommen.

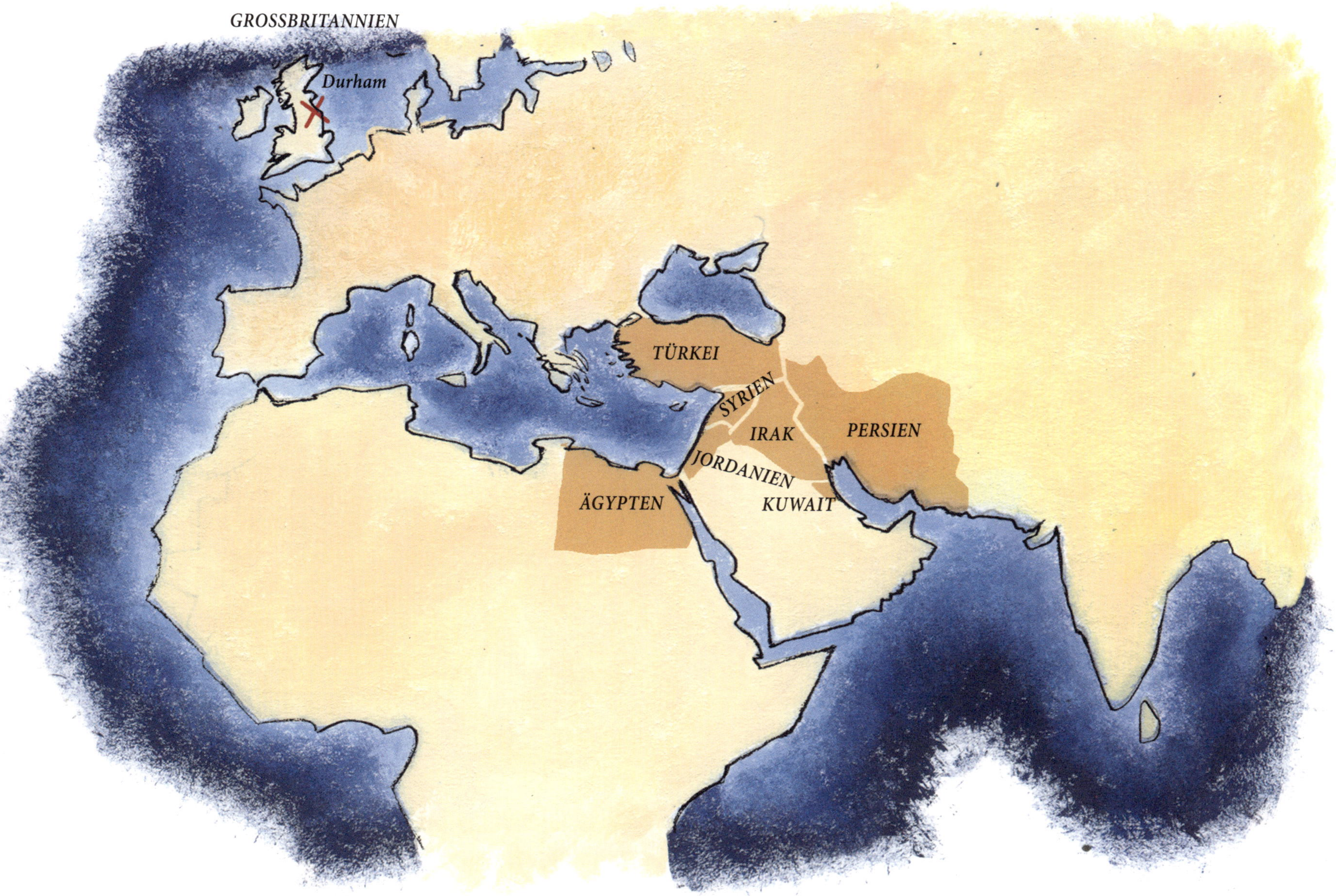

GEGNERIN DES FRAUENWAHLRECHTS

Ihr ganzes Leben lang lehnte Gertrude das Wahlrecht für Frauen ab. Rechte konnte man ihrer Ansicht nach nur mit harter Arbeit und großer Entschlossenheit erringen, nicht aber aufgrund eines Gesetzes.

RETTET DAS MUSEUM!

Während des Irak-Kriegs wurde das von Gertrude begründete Museum in Bagdad 2003 geplündert und angezündet. Nach langwierigen Renovierungsarbeiten ist das Museum inzwischen wieder für das Publikum geöffnet.

KÖNIGIN DER WÜSTE

Viele Bücher und der Film *Königin der Wüste* aus dem Jahr 2015 widmeten sich dem außergewöhnlichen Leben von Gertrude Bell.

»Wer hätte gedacht, dass eine Frau einmal über mein Schicksal entscheiden würde? Nach vielen Kriegen und einer wichtigen verlorenen Schlacht war ich gezwungen, im Exil in England zu leben, weit weg von meinem Volk. Ich befürchtete, dass man mich vergessen würde, aber es war Gertrude, die mir in Erinnerung rief, wer ich bin: Ich bin Faisal ibn al-Husayn ibn 'Alī, Sohn von al-Husayn ibn 'Alī, Scherif von Mekka. Mithilfe der ›Königin der Wüste‹ bin ich König des Irak geworden.

Es war Gertrude Bell, die man dazu berief, die Grenzen dieses neuen Staates festzulegen. Kein Brite kennt diese Länder besser als sie!

Meine Arbeit wird nicht einfach sein, denn viele konkurrierende Gruppen leben in diesen Ländern: Schiiten, Kurden und Sunniten. Ich muss den Frieden wiederherstellen und den Irak zu einem Staat für alle machen – einem Ort, an dem wir in Freiheit leben können. Ich werde darauf hinarbeiten, dass alle Jugendlichen Zugang zu Bildung bekommen. Ich werde neue Straßen bauen, neue Gesetze verabschieden und neue Bündnisse eingehen. Es wird mir eine Ehre sein, den Irak zu regieren, und ich bin Gertrude Bell dankbar, die die Vornehmheit eines wahren Wüstenmenschen besitzt.«

Faisal I.,
erster König des Irak

ALEXANDRA DAVID-NÉEL (1868–1969)

»Wer kennt die Blume besser? Der, der in einem Buch über sie liest, oder der, der sie wild im Gebirge wachsen sieht?«

Die unglaubliche Lebensgeschichte von Alexandra David-Néel liest sich wie ein Roman. Von Kindheit an rebellisch, floh sie im Alter von 18 Jahren aus ihrer Heimat, der belgischen Hauptstadt Brüssel, und reiste mit dem Fahrrad durch Europa bis nach Spanien.

Im Alter von 20 Jahren lebte sie abwechselnd in London und Paris, wo sie eine tiefe LIEBE ZUR FERNÖSTLICHEN KULTUR entwickelte. Besonders der TIBETISCHE BUDDHISMUS hatte es ihr angetan, und sie begann, Sanskrit zu studieren. Die Gelegenheit, ihren Traum vom Reisen in den Fernen Osten zu verwirklichen, bot sich 1890, als Alexandra dank einer Erbschaft von ihrer Großmutter zum ersten Mal nach INDIEN reiste. Dort verbrachte sie ein ganzes Jahr und vertiefte ihre Kenntnisse über Hinduismus und Buddhismus.

Nach Paris zurückgekehrt, verdiente sie ihren Lebensunterhalt mithilfe eines ihrer verborgenen Talente: SINGEN. Als erfolgreiche Opernsängerin bereiste sie die ganze Welt. Ihre musikalische Karriere führte sie schließlich nach Tunesien, wo sie 1904 Philippe Néel, einen Eisenbahningenieur, heiratete. Aber das sesshafte Leben war nichts für Alexandra. Nach ein paar Jahren verspürte sie den unwiderstehlichen Drang, in den Fernen Osten zurückzukehren. 1911 war es so weit. Sie versprach ihrem Mann, bald zurückzukehren. Sie ahnte nicht, dass sie fast vierzehn Jahre lang bleiben würde.

In Indien lernte sie APHUR YONGDEN kennen, einen jungen tibetischen Mönch, der ihr Führer wurde und den sie 1929 offiziell als Sohn adoptierte. Gemeinsam reisten beide durch Indien und China, besuchten Japan und planten ihr berühmtestes Abenteuer: den Besuch von Lhasa, der HEILIGEN STADT TIBETS, die für Ausländer verboten war – eine äußerst gefährliche Reise.

Als tibetische Pilgerin verkleidet, brach sie mit Aphur in der Mongolei auf. Drei Jahre verbrachten sie auf unwegsamen, kaum genutzten Straßen, um nicht erkannt zu werden, ständig bedroht von Kälte, Hunger oder wilden Tieren. Sie trotzten allen Widrigkeiten, und im Februar 1924 betrat Alexandra als erste europäische Frau die heilige Stadt Lhasa.

1925 kehrte sie nach Frankreich zurück, wo sie anfing, Bücher über ihre Erlebnisse zu schreiben. Ihre Arbeit trug stark zur Verbreitung des Buddhismus im Westen bei. Nach einer erneuten Reise nach China ließ sie sich dauerhaft mit Aphur in der französischen Stadt Digne nieder, wo sie im Alter von fast 101 Jahren starb.

KEINE KIRCHENLAUFBAHN

Alexandras Mutter war eine glühende Katholikin, die bedauerte, eine Tochter zur Welt gebracht zu haben und keinen Sohn, der Karriere in der Kirche hätte machen können.

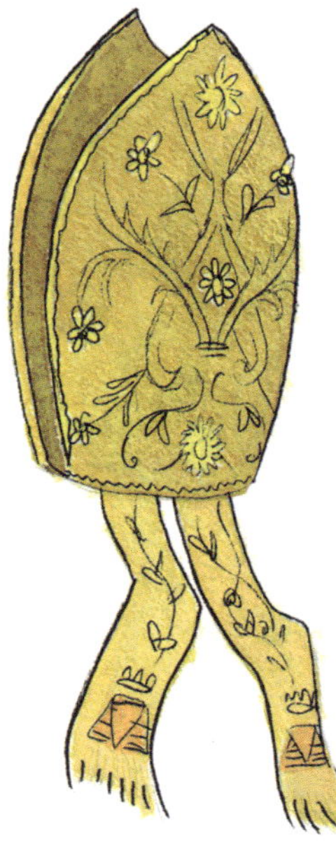

BUDDHISTISCHE SCHRIFTEN

Alexandra schrieb mehr als 30 Bücher über den Buddhismus. Bis heute gelten diese Texte als wertvolle Quellen für Leserinnen und Leser, die mehr über den Buddhismus erfahren wollen.

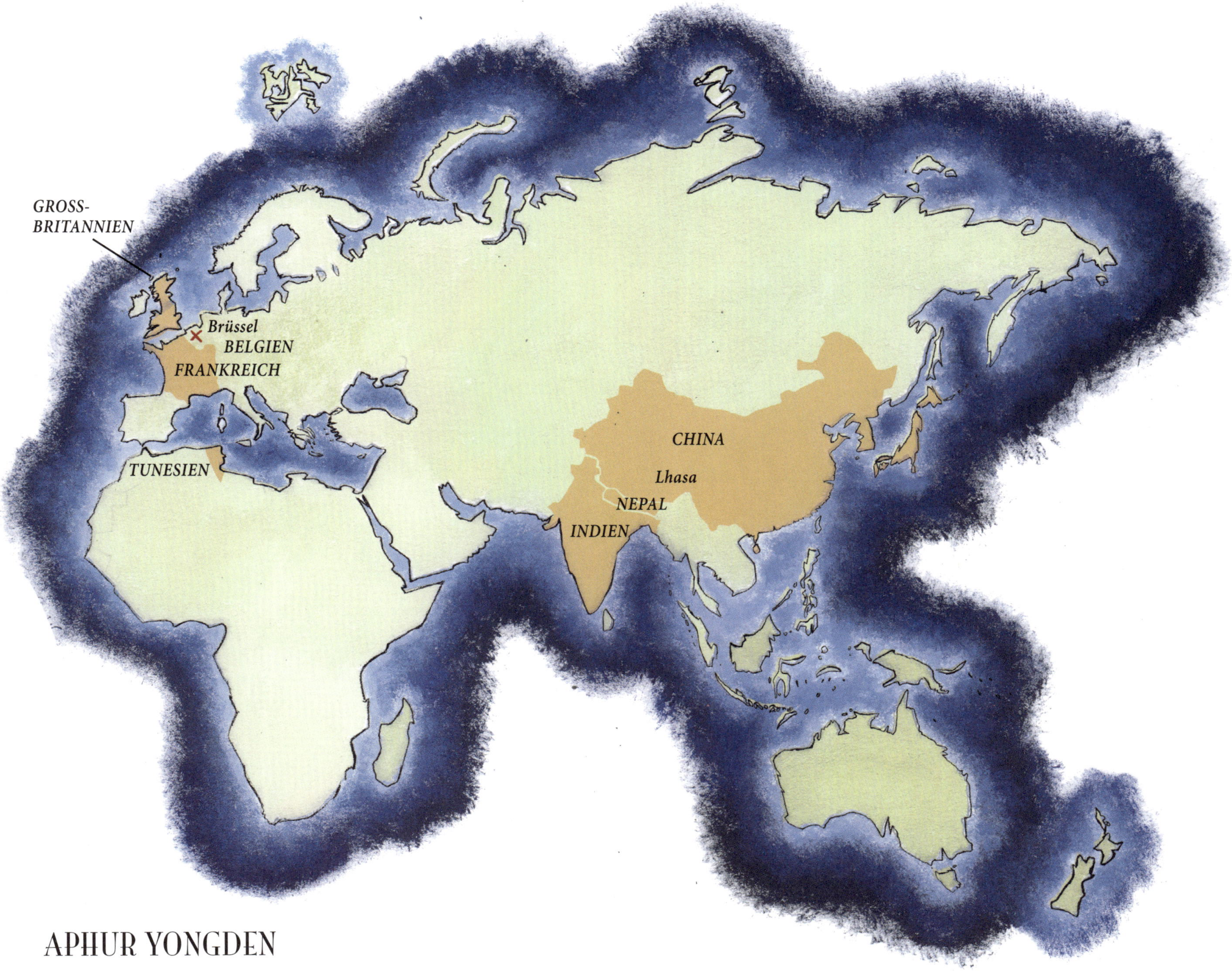

APHUR YONGDEN

Der Mönch Aphur Yongden, der erst 15 Jahre alt war, als sie einander begegneten, diente Alexandra als Führer und Begleiter. Er verschaffte ihr nicht nur Zugang zu normalerweise unzugänglichen Milieus und Kulturen, er war ihr auch stets eine seelische und spirituelle Stütze.

REBELLISCHER TEENAGER

Als Mädchen lief Alexandra oft davon und suchte das Abenteuer, weil sie die strengen Sitten ihrer Familie nicht ertrug. In ihrer Jugend bereiste sie die Niederlande, England, Frankreich, Italien und Spanien. Häufig endete ihre Flucht damit, dass sie ihre Eltern per Brief darum bat, sie wieder aufzunehmen.

HÖHLE DER WEISHEIT

Von 1914 bis 1916 lebte Alexandra in einer Höhle nahe einem buddhistischen Kloster auf etwa 4000 Metern Höhe. Dort widmete sie sich Meditationen und spirituellen Übungen, die ihr schließlich den religiösen Beinamen »Lampe der Weisheit« einbrachten.

»Als sie nach Indien ging, wusste ich, dass sie nicht zurückkommen würde. Ich hatte gehofft, dass unsere Ehe ihr Seelenfrieden geben, dass sie sie davon überzeugen würde, ihren Wunsch nach dem Reisen aufzugeben. Ich hoffte, dass sie mir erlauben würde, ein Leben lang an ihrer Seite zu bleiben. Einige Dinge sind vergänglich, sagte ich ihr. Aber ich war es, der auf der Durchreise war. Das Bedürfnis, sich immer zu bewegen, zu reisen, steckte immer schon in ihr. Das Gleiche gilt für ihre leidenschaftliche Persönlichkeit, die ich auch liebe. Es ist nicht richtig, jemanden zu einem Leben zu zwingen,

das er nicht führen will, also ließ ich sie gehen. Wenn du jemanden liebst, musst du seine Entscheidungen und Wünsche respektieren, auch wenn es wehtut.
Als wir uns später wiedertrafen, hatten wir uns beide stark verändert, aber zwischen den Falten und unter dem grauen Haar konnte ich noch immer das Feuer erkennen, das in ihr loderte.«

Philippe Néel

ANNIE »LONDONDERRY« KOPCHOVSKY (1870–1947)

»Ich bin eine ‚neue' Frau. Das heißt, dass ich alles machen kann, was auch ein Mann macht.«

1894 nahm eine junge Amerikanerin namens Annie – bereits dreifache Mutter – eine Wette an, die damals für eine Frau als unmöglich galt. Angeblich hatten ihr zwei reiche Männer 10 000 Dollar geboten, wenn sie MIT DEM FAHRRAD UM DIE WELT REISTE. Außerdem musste sie während der Reise mindestens 5000 Dollar sammeln.
Annie betrieb gemeinsam mit ihrem Ehemann eine ANZEIGENAGENTUR für verschiedene Zeitungen. Das Fahrrad galt in den Augen der Zeitgenossen als schädlich für den »zarten weiblichen Körper«, weswegen sie auch nicht Rad fahren konnte. Doch sie lernte es nun im Handumdrehen.
Am Morgen des 27. Juni 1894 brach sie in ihrer Heimatstadt Boston auf und begann ihre abenteuerliche Reise.
Dank ihrer Erfahrungen in der Werbebranche wusste sie, wie man von Popularität profitieren konnte. Jedes Mal, wenn sie in eine neue Stadt kam, wuchs ihr Bekanntheitsgrad sprunghaft. Unterwegs überzeugte sie mehrere Unternehmen, sie zu sponsern, und nutzte ihr Fahrrad und ihre Bekleidung als Werbeflächen für bekannte MARKEN. Annie änderte sogar ihren Nachnamen für die Dauer ihrer Reise, um für eine Wasserversorgungsgesellschaft zu werben. Damit nahm sie ihre erste größere Summe ein: 100 Dollar von der Londonderry Spring Water Company.
Rund um die Welt gab sie Interviews und hielt Vorträge über ihre Abenteuer. Manchmal übertrieb sie dabei ein wenig, aber das brachte ihr noch mehr Publicity ein. Fünfzehn Monate später kehrte sie nach Boston zurück und hatte die Wette gewonnen. Dank ihrer Reise wurde das Fahrrad zu einem Symbol für die Unabhängigkeit und Selbstständigkeit der Frauen.

RUHIGE NACHBARN

Für eine Weltumrundung auf dem Fahrrad braucht es mehr als nur Mut. Man muss vorsichtig und clever sein, weswegen Annie manchmal auf Friedhöfen übernachtete. Solche ruhigen Orte gaben ihr ein Gefühl von Sicherheit.

DIE PIONIERIN

Heute ist es völlig normal, dass Sportlerinnen und Sportler auf der Bekleidung die Namen ihrer Sponsoren zeigen, aber Annie gehörte zu den Ersten, die das machten.

FRAU IN HOSEN

Bei ihrem Aufbruch trug Annie zeitgemäße Damenmode und fuhr ein Damenrad. Nach kurzer Wegstrecke wechselte sie zur Männerkleidung und zum Männerfahrrad, weil sich beides für die lange Reise besser eignete. Damit wurde sie zum Vorbild für viele junge Frauen.

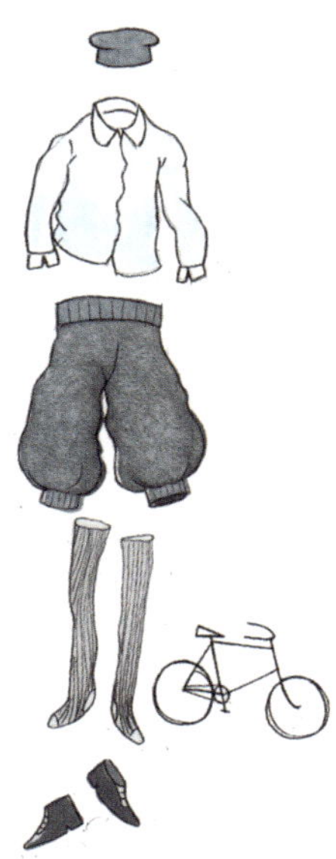

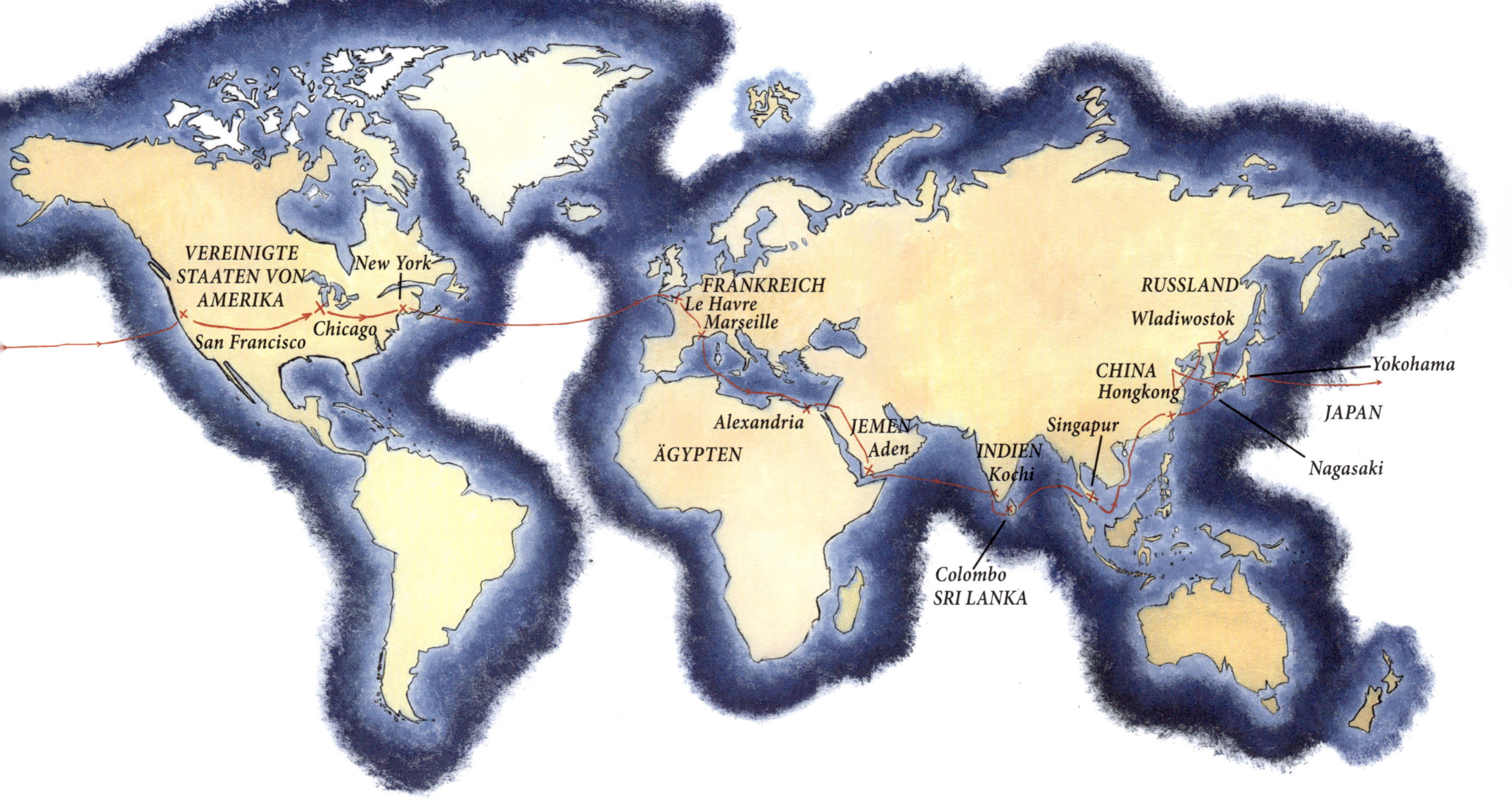

ANNIES FAHRRAD

Das Damenrad, auf dem Annie in Boston aufbrach, wog gut 20 Kilogramm, aber sie wechselte, wie wir schon gehört haben, bald auf ein leichtes, weiß-goldenes Männerfahrrad der amerikanischen Marke Sterling. Am Rahmen befestigte sie Hinweise auf ihre Sponsoren, kleine Geschenke ihrer Fans und eine Landesflagge der USA.

KLEINE UNFÄLLE

Eine so außergewöhnliche Reise war in vieler Hinsicht riskant. In Amerika wurde Annie einmal beinahe von einem durchgegangenen Kutschpferd erfasst. Ein anderes Mal brach sie sich das Handgelenk, als sie auf eine Schweineherde prallte. Vor der Ankunft in Marseille trat sie das Pedal angeblich nur einseitig, weil sie sich einen Fuß auf der Flucht vor Banditen gebrochen haben soll. In China, das sich im Kriegszustand befand, soll man Annie gefangen genommen haben.

»Jedes Mal, wenn ich in eine Stadt komme, umringen mich Hunderte von Menschen. Sie erwarten, dass ich ihnen von meinem abenteuerlichen Leben erzähle. Das tue ich, auch wenn meine Reise in Wirklichkeit gerade nicht wie am Schnürchen läuft.

Natürlich ist meine Reise kein Spaziergang, und manchmal würde ich am liebsten alles hinwerfen und nach Hause zurückkehren, wie an jenem Tag in der Wüste, als ich einen Platten hatte und das Fahrrad viele Meilen weit auf meinen Schultern tragen musste. Ich habe allerdings begriffen, dass man mehr tun muss, als zu erklären, dass man mit dem Fahrrad um die Welt gereist ist.
Die Menschen lieben es, fesselnde Geschichten zu hören, und, um die Wahrheit zu sagen, ich erfinde sie gerne. Einige von denen, die ich erfunden habe, waren sehr wirkungsvoll, wie die über die Tigerjagd mit dem indischen Maharadscha, oder als ich nach einem schlimmen Unfall tagelang Blut spuckte und mich unter freiem Himmel auf der Straße davon erholen musste. Solche Zutaten verwandeln geschichtlichen Tatsachen in eine Legende.«

Annie »Londonderry« Kopchovsky

HARRIET CHALMERS ADAMS
(1875–1937)

»Unterwegs mit wilden Kopfjägern:
Sie war immerzu in den abgelegensten Weltgegenden unterwegs.«
Washington Post

Anders als viele Entdeckerinnen veröffentlichte Harriet Chalmers Adams nie Bücher. Berühmt wurde sie durch die Artikel, die sie für das amerikanische Magazin *NATIONAL GEOGRAPHIC* schrieb.
Harriet war eine amerikanische Lehrerin, die ihre Vorliebe für Expeditionen 1899 in Mexiko entdeckte. Die Region faszinierte sie so sehr, dass sie bald darauf mit ihrem Mann Franklin eine fast dreijährige Reise durch SÜDAMERIKA unternahm. Gemeinsam legten sie über 65 000 Kilometer zu Pferd zurück, und Harriet war die erste Frau aus der westlichen Welt, die viele der indigenen Stämme des Kontinents zu Gesicht bekam.
Sie dokumentierte die Expedition mit Papier, Stift und Kamera und schoss über 3000 Fotos, die sie Gilbert Grosvenor, dem Direktor von *National Geographic*, vorlegte. Harriet veröffentlichte auf der Basis dieses Materials 1907 ihren ersten BERICHT in diesem Magazin. Der Artikel war ein großer Erfolg, und sie wurde eine der wenigen Mitarbeiterinnen der Zeitschrift. Sie war sowohl eine ausgezeichnete Autorin – ihre Fähigkeit, Ereignisse zu beschreiben, zog die Leserinnen und Leser in ihren Bann – als auch eine talentierte REDNERIN. Das Publikum strömte zu ihren Vorträgen, bezaubert von ihrem Temperament und ihrer Liebe zum Detail. Die *New York Times* schrieb einmal, dass »kein Vortragender, weder Mann noch Frau, mehr Anziehungskraft auf ein Publikum ausübt als sie«.
Harriet unternahm Dutzende von Reisen um die Welt und bewies für eine Frau ihrer Zeit unglaublichen Mut. Im Lauf ihres Lebens legte sie über 160 000 Kilometer zurück, was einer viermaligen Umrundung der Erde entspricht. Sie verfasste 21 Beiträge für *National Geographic*, machte Tausende von Fotos und drehte Filme von großem historischem Wert.
Ihre Leidenschaft für das Reisen veranlasste sie 1925, die Gründung der SOCIETY OF WOMAN GEOGRAPHERS zu unterstützen, einer angesehenen internationalen Vereinigung, die die Forschungsarbeit und Entdeckungsreisen von Frauen unterstützt. Zu den Mitgliedern gehörten Frauen wie Annie Smith Peck und Amelia Earhart.

ABENTEUER IM BLUT

Harriet hatte ihre Abenteuerlust von ihrem Vater geerbt, der aus Schottland nach Amerika aufgebrochen war, um dort sein Glück zu machen. Als sie 14 Jahre alt war, erkundeten beide gemeinsam die Wildnis von Oregon zu Pferd und kamen auf diese Weise bis nach New Mexico.

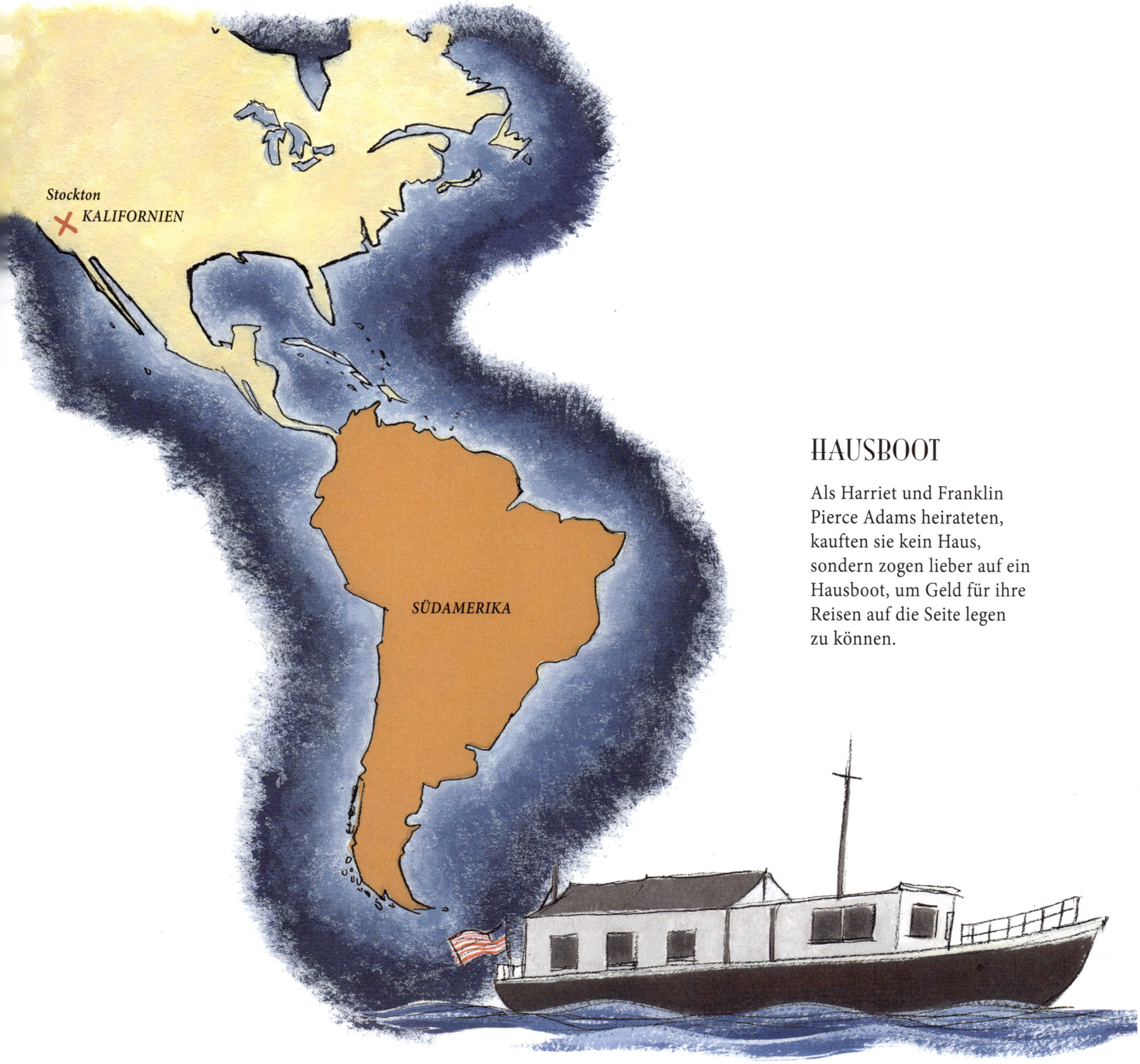

HAUSBOOT

Als Harriet und Franklin Pierce Adams heirateten, kauften sie kein Haus, sondern zogen lieber auf ein Hausboot, um Geld für ihre Reisen auf die Seite legen zu können.

TAPFERE JOURNALISTIN

Auf ihren Reisen wechselte Harriet die Kontinente wie andere ihre Hemden. Sie besuchte die Anden, den Amazonas, Haiti, die Türkei und Sibirien. Während des Ersten Weltkriegs war sie in Frankreich die einzige akkreditierte amerikanische Kriegsberichterstatterin in den Schützengräben. Ihre Fotografien zeigen ungeschminkt die Schrecken des Krieges.

»Wo kommt sie her? Manchmal schaue ich sie an und stelle mir diese Frage. Vielleicht ist sie wirklich ein Geschenk des Himmels. Sie liebt mich genauso, wie sie ihre Abenteuer liebt – so sehr, dass sie ihr Leben mit mir teilen möchte, und ich lasse mich von ihr leiten. Während unserer Reisen ist sie es, die die Entscheidungen trifft. Sie wählt den Weg, den wir nehmen werden, wenn wir an eine Gabelung stoßen. Ich unterstütze sie, ich mache Vorschläge, und selbst wenn wir unterschiedlicher Meinung sind, setze ich immer noch volles Vertrauen in Harriet. Ich bin Teil eines Lebens, das sie sowieso gelebt hätte, mit mir oder ohne mich. Inmitten von Bergen oder unter verschiedenen Völkern führen wir ein Dasein, das alles andere als normal ist, aber wir haben unsere Liebe, und das ist immer genug, damit wir uns wie zu Hause fühlen.«

Franklin Pierce Adams

ISABELLE EBERHARDT (1877–1904)

»Ich werde immer Nomade bleiben, verliebt in den wechselnden Horizont, in die unerforschten, fernen Orte.«

Die wenigen erhalten gebliebenen Fotografien der Schriftstellerin und Abenteurerin Isabelle Eberhardt zeigen sie vorwiegend als junge Frau in exotischer Männerkleidung. Isabelle wuchs in Genf in der Schweiz auf und begann in ihrer Jugend mit dem Schreiben. Sie erfand fantasievolle Geschichten, die in NORDAFRIKA spielten. Ihr ganzes Wissen über den nordafrikanischen Maghreb bezog sie aus Briefen. Diese stammten von ihrem Brieffreund Eugène Letord, einem in der Sahara stationierten französischen Offizier, und ihrem geliebten Bruder Augustin, der in Algerien in die Fremdenlegion eingetreten war.

Nach ersten Veröffentlichungen und vielen Abenteuern ließ sich Isabelle mit ihrer Mutter in ALGERIEN nieder, im Arbeiterviertel der Stadt Bône (heute Annaba).

Sie bekannte sich zum ISLAM, aber weil das für eine Frau den Verzicht auf viele Freiheiten bedeutete, beschloss sie, sich ALS MANN ZU VERKLEIDEN. Später änderte sie sogar ihren Namen in SI MAHMOUD SAADI. Mit dieser neuen Identität reiste sie viele Jahre lang umher. Gelegentlich kehrte sie nach Genf und Frankreich zurück.

Isabelle lehnte es ab, den Einheimischen die europäische Kultur aufzuzwingen, wie es die damaligen Kolonialverwaltungen versuchten, und nahm lieber die Sitten und Gebräuche der Bevölkerung an. Sie fügte sich so gut in die nordafrikanische Gesellschaft ein, dass sie bei den Algeriern nie auf Ablehnung stieß, obwohl sie immer wieder als Frau enttarnt wurde.

In ihren erst nach ihrem Tod veröffentlichten SCHRIFTEN kritisierte sie die Kolonialpolitik. Gute Verbindungen zu Persönlichkeiten der arabischen Welt weckten bei den Behörden den Verdacht, dass Isabelle eine Spionin sein könnte.

Sie heiratete einen algerischen Soldaten und führte mit ihm ein unstetes Leben in Armut. Wie ein Nomade reiste sie durch die Wüsten von Algerien, Marokko und Tunesien. Eines Tages versuchte ein Mann, sie zu töten, griff sie mit einem Krummsäbel an und verletzte sie an Kopf und Arm. Isabelle überlebte den Angriff, aber ihr Leben fand kurz darauf ein tragisches Ende, mit gerade einmal 27 Jahren.

Erst nach ihrem Tod wurde sie als Schriftstellerin wahrgenommen. Heute gelten ihre Werke als Beitrag zur fortschreitenden Emanzipation Nordafrikas von den früheren Kolonialmächten.

EINE BEGIERIGE LESERIN

Als Kind nutzte Isabelle die große Bibliothek ihres Vaters. Von klein auf las sie Romane, Aufsätze, Gedichte und Memoiren und lernte rasch Deutsch, Italienisch, Englisch und Arabisch.

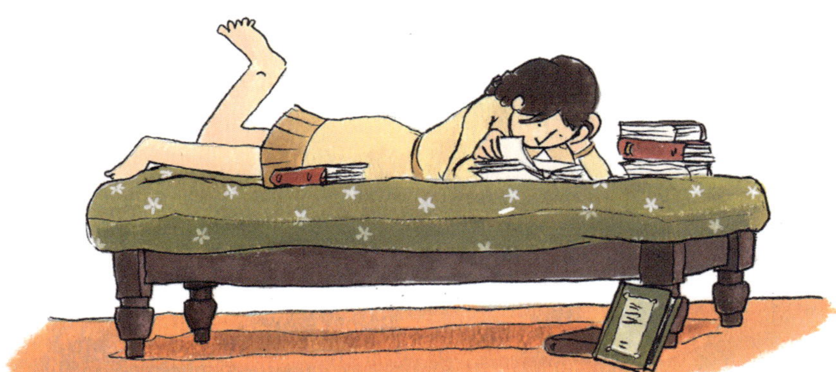

AUFREGENDES LEBEN

Nicht nur für Bücher und einen Film diente das bewegte Leben von Isabelle als Vorlage, sondern 2012 auch für eine Oper – *Song from the Uproar: The Lives and Deaths of Isabelle Eberhardt.*

TRAGISCHER TOD

So unglaublich es klingt: Isabelle starb in der Wüste durch Ertrinken. Sie hatte mit ihrem Ehemann Slimène Ehnni ein kleines Lehmziegelhaus im algerischen Aïn Sefra gemietet, um sich von einem Malariaanfall zu erholen. Ein heftiger Gewitterregen flutete ein ausgetrocknetes Flussbett. Die Wassermassen zerstörten viele Häuser, auch die Lehmhütte, in der sich Isabelle und Slimène aufhielten. Während sich ihr Mann retten konnte, kam für sie jede Hilfe zu spät.

ISABELLES STRASSEN

Die algerischen Städte Algier und Bechar haben Straßen nach Isabelle benannt. Bezeichnenderweise verlaufen diese Straßen von der Stadtmitte in Richtung Wüste.

FREYA STARK (1893–1993)

»Von allen Weltwundern ist der Horizont sicherlich das größte.«

Lange Zeit waren Frauen auf die Rolle der Ehefrau, Mutter oder Tochter beschränkt. Da sorgte es schon für Verwunderung, wenn eine Frau allein ferne Länder bereisen wollte. Aber der Entschluss dazu wirkte auch befreiend. Ist es ein Wunder, wenn viele Frauen mit gesundheitlichen Problemen zu neuer Kraft fanden, sobald sie sich außerhalb ihrer gewohnten, einengenden Umgebung befanden? Plötzlich konnten sie klar denken, befreit, als wäre das Reisen selbst die wirksamste Medizin.
So erging es auch Freya Stark, die trotz ihrer schwachen körperlichen Konstitution zu einer der bedeutendsten Reisenden des 20. Jahrhunderts wurde. In vielerlei Hinsicht verkörperte sie die damalige Idee des »MODERNEN REISENS« am besten. Sie war keine Journalistin, Archäologin oder Diplomatin. Sie reiste nicht beruflich, sondern zu ihrem Vergnügen.
Ihre Inspiration war die Neugierde. Sie folgte niemals vorgezeichneten Wegen. Stattdessen ließ sie sich von den Informationen leiten, die sie vor Ort gesammelt hatte. Sie traf viele Menschen, und sie teilte bereitwillig deren Bräuche und Traditionen, auch wenn sie sich radikal von ihren eigenen unterschieden. Sie interessierte sich ebenso für Menschen wie für Orte und näherte sich beiden mit großem Einfühlungsvermögen. Ihre Art des Reisens machte sie zu einer MEISTERHAFTEN SPRACHENKENNERIN. Stets lernte sie neue Sprachen oder versuchte, ihre Feinheiten besser zu begreifen.
Als Kind begeisterte sie sich für den NAHEN OSTEN. Aus eigener Kraft und ohne Ausbildung las sie alles, was zu diesem Thema verfügbar war, und begann sogar, Arabisch zu lernen, mit dem Ziel, es eines Tages dort zu vervollkommnen, wo es gesprochen wurde. Ihr Traum wurde 1927 wahr, als sie ihre erste Reise nach Beirut und in den Libanon unternahm.
Danach durchquerte sie den gesamten Nahen Osten und besuchte Syrien, den Irak, den Iran, Arabien und Afghanistan. Sie erkundete viele abgelegene Regionen, wie die legendären Täler der »Assassinen« in Persien, die sie erstmals detailliert beschrieb. Sie war auch eine der ersten westlichen Frauen, die die arabische Wüste durchquerten. In über 30 Büchern beschrieb sie ihre Abenteuer und erfand das Genre der REISELITERATUR neu.
Freya wurde in Frankreich als Tochter eines englischen Vaters und einer Italienerin geboren, besaß die britische Staatsangehörigkeit, verbrachte aber einen Großteil ihres langen Lebens in Asolo in Italien, wo sie sich im Alter von 88 Jahren zur Ruhe setzte. Sie starb immit 100 Jahren in ihrer Wahlheimat, wo man ihr ein ehrendes Angedenken bewahrt.

EIN SCHRECKLICHER UNFALL

Mit 13 Jahren widerfuhr Freya ein schweres Unglück in der Kokosmattenfabrik ihrer Mutter. Freyas langes Haar verfing sich in einer Maschinenwalze. Sie verletzte sich an Kopfhaut, rechtem Ohr und rechtem Auge. Zurück blieb eine lange Narbe, die sie immer mit Perücken und Hüten zu überdecken versuchte.

UNGLÜCKLICH VERLIEBT

In Liebesdingen hatte Freya wenig Glück. Im Jahr 1915 sollte sie einen Arzt heiraten, den sie in Bologna kennengelernt hatte. Unglücklicherweise brach er Freya das Herz, weil er kurz vor der Hochzeit mit einer anderen Frau durchbrannte. Ein zweiter Anlauf mit 54 Jahren, diesmal mit einem britischen Diplomaten, war ebenfalls nicht von langer Dauer.

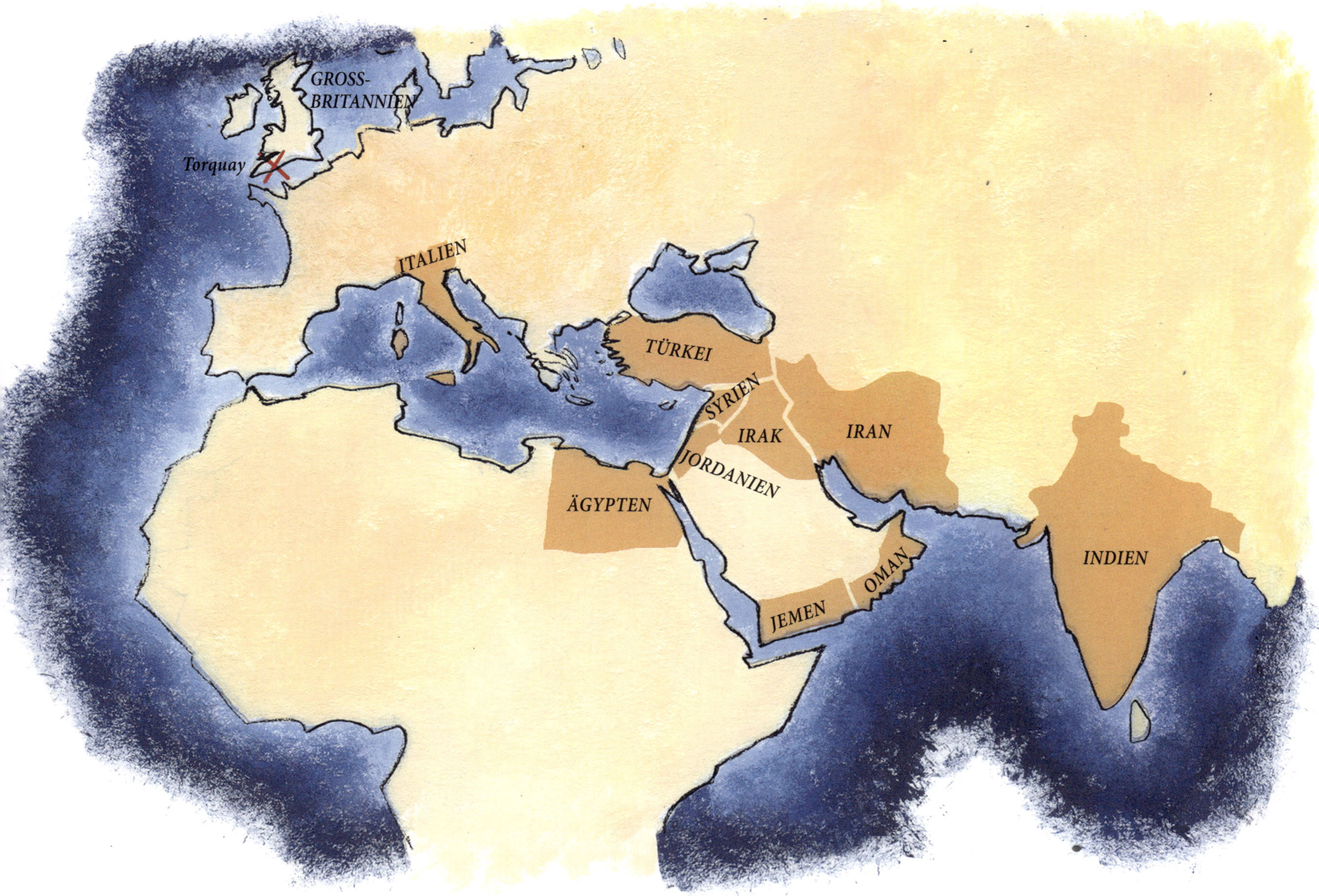

MIT EISERNEM WILLEN

Auf einer ihrer Reisen steckte sich Freya mit Malaria an, aber selbst heftiges Fieber konnte sie nicht aufhalten. Eine ihrer wichtigsten Charaktereigenschaften war ihre Entschlossenheit, die Freyas Vater ihr angeblich mit eigenwilligen Methoden anerzogen hatte. Er zwang sie als kleines Kind dazu, nachts eine dunkle Allee entlangzugehen, ohne sich nach ihm umzudrehen. Dafür bekam sie einen Penny als Belohnung.

TAUSENDUNDEINE NACHT

Mit neun Jahren las Freya zum ersten Mal das Buch, das ihr Leben veränderte: *Tausendundeine Nacht*. Das kindliche Erstaunen über diese Geschichten bewahrte sie immer in ihrem Herzen. Das trug entscheidend zu ihren späteren Entdeckungsreisen in den Osten bei.

»Diese Frau verwirrt mich. Wir verbringen viele Tage mit Wanderungen. Wir waten durch Flüsse, überqueren Granitberge, reisen durch trostlose Täler, wo der eisige Wüstenwind weht, und meistern staubige Pfade und Steinbrücken, aber ihr Blick verrät niemals Müdigkeit.

In ihrem Gesicht sehe ich die Freude eines Menschen, der das Paradies bewundert. Tagsüber, während wir unterwegs sind, schreibt sie Notizen in ihr Tagebuch. Am abendlichen Lagerfeuer löchert sie mich mit Fragen und deutet auf eine Karte, die sie gezeichnet hat. Ob ich glaube, dass ihre Karte die tatsächlichen Verhältnisse wiedergibt? Sie fertigt eine detaillierte Zeichnung dieses Tals an. Wie sie es sieht, gibt es keine Karten von diesem Ort – sie nimmt an, dass dies die erste topografische Erfassung ist. Ihre Gesundheit ist anfällig, aber ihr Geist voller Energie. Heute, an der Festung von Alamut, sah ich eine Träne über ihr Gesicht laufen. Sie schien fasziniert vom Anblick

dieses mystischen Ortes, an dem, wie man sagt, ›der Alte vom Berge‹ lebe, ein charismatischer Führer, der über eine rätselhafte Armee von Mördern gebiete.

Dann, beim Teetrinken, sagt sie: ›Nächster Stopp ist Tacht-e Suleiman, der Tempel Salomos. Er müsste auf der anderen Seite dieser Berge liegen!‹

Ich halte meine heiße Tasse fest und lächle. Nichts und niemand könnte sie jemals aufhalten.«

OSA JOHNSON (1894–1953)

»Unerwartete Schwierigkeiten sind zugleich die Herausforderung und der Reiz am Leben aller Entdecker.«

Wie sähe die Geschichte heute aus, wenn die Abenteurer vergangener Zeiten Videokameras besessen hätten? Wie könnten wir da mitfiebern!
Osa Johnson war eine der ersten Entdeckerinnen, die ihre Abenteuer auf Film festhielt. Sie machte das vor allem für jene Menschen, die nicht selbst reisen konnten.
Zusammen mit ihrem Mann MARTIN JOHNSON war sie eine Pionierin des DOKUMENTARFILMS. Sie lernten sich in einem Theater in Kansas kennen. Osa arbeitete dort als Sängerin. Martin war bereits ein bekannter Abenteurer und Fotograf. Er bereiste das Land und stellte Fotografien aus, die er auf seiner Südseereise an der Seite des Schriftstellers Jack London aufgenommen hatte.
Es war Liebe auf den ersten Blick. Die beiden heirateten bald darauf, 1910, der Auftakt zu einem gemeinsamen abenteuerlichen Leben.
Beide teilten die Leidenschaft fürs Reisen, und die gemeinsamen Dokumentarfilme machten sie berühmt.
Sie besuchten Inseln im SÜDPAZIFIK, wo sie gefährliche Begegnungen mit einem Kannibalenstamm hatten. Anschließend besuchten sie die Urwälder von BORNEO und AFRIKA, Schauplatz der meisten ihrer Filme.
Der Schriftsteller Ernest Hemingway sagte über sie: »Niemand kann Afrika weiterhin als dunkles und unwirtliches Land bezeichnen.« Die Johnsons brachten dem breiten Publikum eine ferne Welt näher, reich an Wundern, Charme und Rätseln.
Wegen ihrer Bücher und Filme, die in der ganzen Welt Verbreitung fanden, werden Osa und Martin Johnson zu den furchtlosesten Abenteurern aller Zeiten gezählt.

JACK LONDON

Jack London ist einer der bedeutendsten Schriftsteller Amerikas. Zu seinen bekanntesten Romanen gehören *Wolfsblut* und *Ruf der Wildnis*. Aus reiner Abenteuerlust machte er sich zu einer Seereise zu den Pazifikinseln auf. Er ließ ein Boot nach eigenen Entwürfen bauen und nannte es *Snark*. Über diese Reise schrieb seine Ehefrau Charmian, die einzige Frau in der Mannschaft, selbst mehrere Bücher.

NIEMALS AUFGEBEN

Nachdem ihr Mann Martin 1937 bei einem Flugzeugabsturz gestorben war, setzte Osa ihre Arbeit fort. Sie schrieb Kinderbücher, trat in Fernsehsendungen auf und spielte selbst die Hauptrolle in einem Film über ihr abenteuerliches Leben.

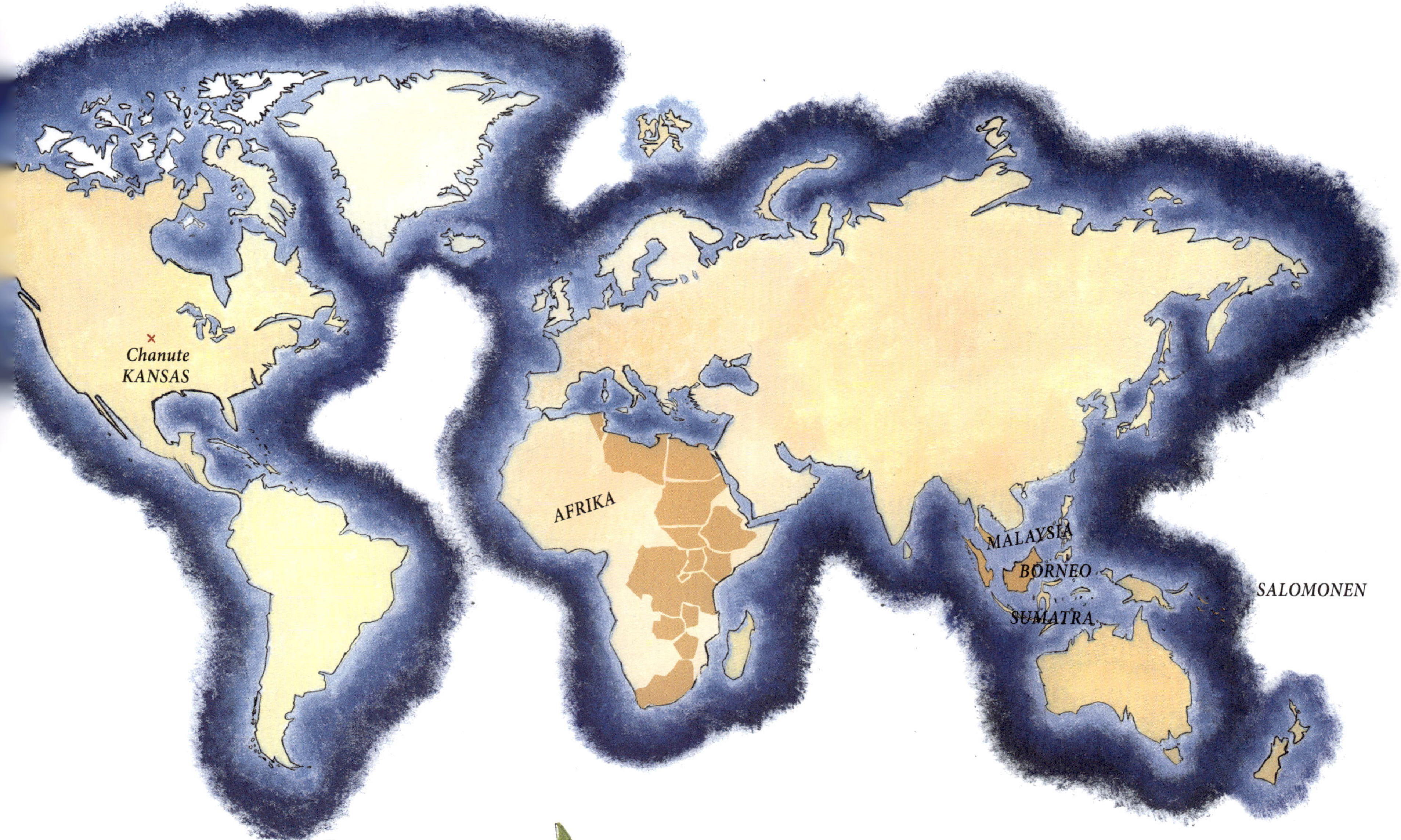

GEFÄHRLICHE BEGEGNUNGEN

Auf der Insel Malakula im Pazifik liefen die Johnsons einem Kannibalenstamm in die Arme. Fasziniert von ihrer Entdeckung, schlugen sich die beiden bis zu deren Dorf durch, um mehr Filmmaterial zu bekommen, aber sie wurden von den Eingeborenen angegriffen und mussten fliehen. Später kehrten sie auf die Insel zurück und brachten Filme von ihrem letzten Besuch mit, die sie den Stammesmitgliedern vorführten. Diese glaubten, es mit Magie zu tun zu haben, und ließen die Johnsons nun ungestört filmen.

KING KONG

Die Figur der Ann im Film *King Kong*, der jungen Frau, die vom riesenhaften Gorilla auf die Spitze des New Yorker Empire State Building entführt wird, war von Osa Johnson inspiriert. 1933, als der Film herauskam, stand sie auf dem Höhepunkt ihres Ruhms.

»Als das Telegramm kam, dachte ich, es sei ein Streich meiner Pfadfindergruppe. Es besagte, dass ich unter allen Pfadfindern in Amerika ausgewählt worden sei, um an einer Safari in Afrika mit Osa und Martin Johnson teilzunehmen! Zwei andere Jungen, Robert und Douglas, sollten ebenfalls mitkommen. Ich war damals erst 15 Jahre alt. Als wir nach einer langen Reise endlich Afrika erreichten, fühlte es sich wie ein Traum an. Osa und Martin begrüßten uns in ihrem Lager und sagten uns, wir sollten wachsam bleiben und nie allein herumlaufen. Noch heute erinnere ich mich daran, wie ich einen Löwen sah, der sich auf ein Zebra stürzte. Sein Gebrüll hat sich mir tief eingeprägt.

Unsere Erlebnisse in Afrika wurden gefilmt und in einem Buch beschrieben, das wir Pfadfinder zusammen mit Osa und Martin verfasst haben. Trotz allem glaube ich nicht, dass es mir jemals gelungen ist, in Worte zu fassen, wie sehr diese Tage in der Wildnis mein Leben verändert haben.«

David Martin

GRACE MARGUERITE LETHBRIDGE/ LADY HAY DRUMMOND-HAY
(1895–1946)

»... die Lichter von New York lagen unter uns verstreut wie goldene Körner von Sternenstaub.«

Grace Marguerite Lethbridge war 1929 die erste Frau, DIE UM DIE WELT flog – als Journalistin, nicht als Pilotin.

Grace hatte jung einen 50 Jahre älteren adeligen Staatsbeamten geheiratet und wurde bereits mit 31 Jahren Witwe. Anstatt das Erbe zu genießen, wie es damals üblich war, beschloss sie, JOURNALISTIN zu werden. Sie begann, für eine wichtige englische Zeitung zu arbeiten, und war 1928 Reporterin auf dem ersten transatlantischen Flug des gerade gebauten Luftschiffs LZ 127 *GRAF ZEPPELIN*. Ihre Artikel erregten die Aufmerksamkeit des amerikanischen Großverlegers William Randolph Hearst, der sie bat, den bevorstehenden Flug des Zeppelins um die Welt als Berichterstatterin einer seiner Zeitungen mitzumachen. Grace nahm das Angebot an. Sie wurde von anderen Kollegen begleitet, war aber die einzige Frau an Bord.

Graf Zeppelin startete am 7. August 1929 von einer Marinebasis in New Jersey aus. Nach Stationen in Deutschland, Russland und Japan beendete das Luftschiff seine Reise und kehrte am 29. August zum Ausgangspunkt zurück. Insgesamt legte es in nur 21 TAGEN, 5 STUNDEN UND 54 MINUTEN 33 234 Kilometer zurück und stellte damit einen neuen Rekord für eine Weltumrundung auf.

Die Artikel von Grace waren ein großer Erfolg. In späteren Jahren widmete sie sich mit Leib und Seele ihrer Arbeit und übernahm immer riskantere Aufträge. Sie wurde in Kriegsgebiete wie Abessinien (das heutige Äthiopien) geschickt und arbeitete als Auslandskorrespondentin in der chinesischen Mandschurei.

1942, während des Zweiten Weltkriegs, wurden sie und ihr Kollege Karl von Wiegand von den Japanern gefangen genommen und in einem GEFANGENENLAGER auf den Philippinen inhaftiert. Grace erkrankte durch die schrecklichen Haftbedingungen schwer. 1945 wurden sie und ihr Kollege freigelassen und in die Vereinigten Staaten zurückgebracht, aber Grace erholte sich nie. Sie starb bald nach ihrer Rückkehr. Viele damals prominente Journalisten kamen zu ihrer Beerdigung und erwiesen ihr die letzte Ehre.

GRAF ZEPPELIN

Das Starrluftschiff *Graf Zeppelin* war 236 Meter lang und verfügte über ein Traggasvolumen von 105 000 Kubikmetern. Es hatte fünf Motoren, mit denen es eine Reisegeschwindigkeit von etwa 115 km/h erreichte. Im Inneren befanden sich ein Aufenthaltsraum, eine Küche, zehn Passagierkabinen und ein Funkraum.

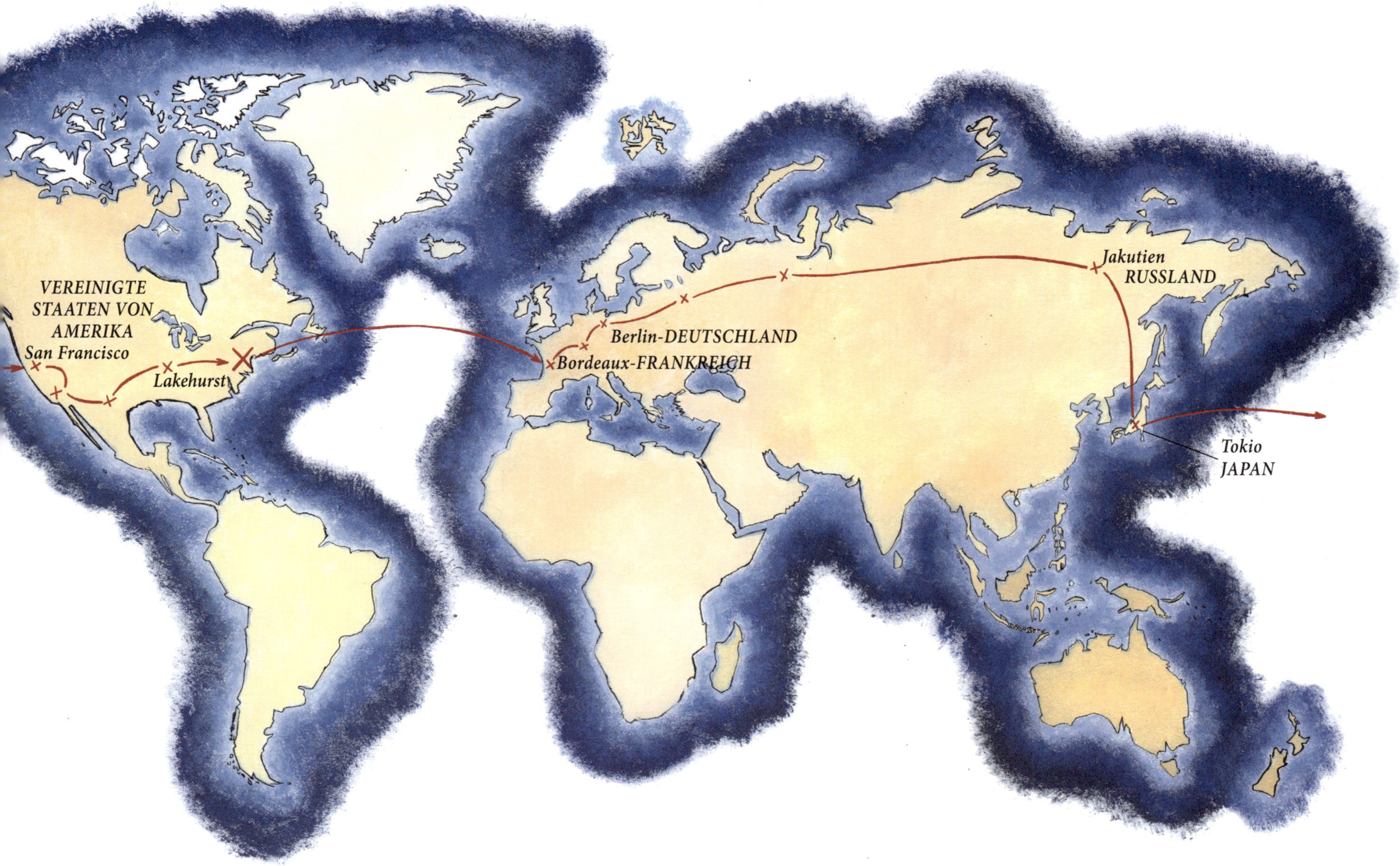

DIE *HINDENBURG*-KATASTROPHE

Im Mai 1936 nahm Grace am ersten USA-Flug des deutschen Luftschiffs LZ 129, der *Hindenburg*, teil. Damals war es das größte jemals gebaute Luftfahrzeug. Genau ein Jahr später, am 6. Mai 1937, brannte das Luftschiff bei einem fürchterlichen Unglück aus, bei dem 36 Menschen starben. Die Katastrophe läutete das Ende des Luftschiffverkehrs ein.

VATER UND SOHN

William Randolph Hearst – damals einer der reichsten Männer der Welt – finanzierte die Weltreise der *Graf Zeppelin*. Er hatte seine Laufbahn bei der Zeitung seines Vaters George Hearst begonnen. Dieser war ihm ein großes Vorbild und lehrte ihn Geduld und Zielstrebigkeit. George Hearst hatte sein Vermögen unter anderem mit harter Arbeit in einem Bergwerk in South Dakota erworben.

AMELIA EARHART (1897–1937)

»Unterbrich niemanden dabei, das Unmögliche zu tun.«

Die historischen Leistungen von Frauen werden häufig übersehen – aber das gilt nicht für Amelia Earhart. Wenn ihr Name fällt, stellen wir uns sofort das Bild einer jungen PILOTIN mit einem Tuch um den Hals vor, die gerade ein Flugzeug besteigt. Mit ihrem Mut und ihrer Ausdauer wurde sie zu einem Vorbild für alle Frauen. Sie ermutigte sie, ihre Träume zu verwirklichen, auch wenn das bedeutete, sich in eine Männerdomäne vorzuwagen.

Alles begann 1920, und zwar an dem Tag, an dem sie ihren ersten Flug an Bord eines Doppeldeckers mitflog. Als das Flugzeug vom Boden abhob, wusste sie, dass sie eines Tages Pilotin sein würde.
Sie arbeitete hart, um den Flugunterricht bezahlen zu können, und kaufte nach etwa einem Jahr ein kleines gelbes Flugzeug, das sie »KANARIENVOGEL« taufte. Sie erreichte in diesem Flugzeug eine Höhe von 4300 Metern und stellte damit ihren ersten Weltrekord auf.
Eine Pilotin war damals eine Sensation, und Amelia wurde bald berühmt. Sie heiratete den Verleger George P. Putnam, der sie immer unterstützte, auch als Amelia sich für ein äußerst riskantes Unternehmen entschied: ALS ERSTE FRAU MIT EINEM FLUGZEUG UM DIE WELT ZU FLIEGEN. Am 1. Juni 1937 startete sie zusammen mit ihrem Co-Piloten Fred Noonan von Miami in Florida an Bord ihrer Lockheed Electra 10E.
Leider erreichte sie ihr Ziel jedoch nie. Nach 35 000 Flugkilometern und weiteren 11 000 Kilometern vor sich verschwand das Flugzeug spurlos über dem Pazifik. Amelia wurde eine Legende. Mit Hartnäckigkeit und Mut schaffte sie es, sich auf einem Gebiet durchzusetzen, das damals Männern vorbehalten schien.

BESSIE COLEMAN

Die erste afroamerikanische Pilotin war Bessie Coleman, eine junge Frau von einfacher Herkunft, die 1921 in Frankreich ihre Pilotenlizenz erwarb. Ihre Zielstrebigkeit und ihr Können bewiesen nachdrücklich, dass Geschlecht und Hautfarbe in einem Beruf keine Rolle spielen.

FLIEGERKLUFT

Weil sie beim Fliegen keine Männerkleidung mehr tragen wollte, entwarf Amelia eine eigene komfortable und praktische Modelinie für Frauen. Manche Stücke waren aus dem gleichen Material genäht wie Fallschirmhüllen.

DIE JUNGE AMELIA

Als Kind liebte Amelia Schlittenfahrten auf verschneiten Hügeln, kletterte gern auf Bäume und fing Mäuse. Gemeinsam mit ihrer Schwester Grace sammelte sie Kröten, Würmer und Insekten.

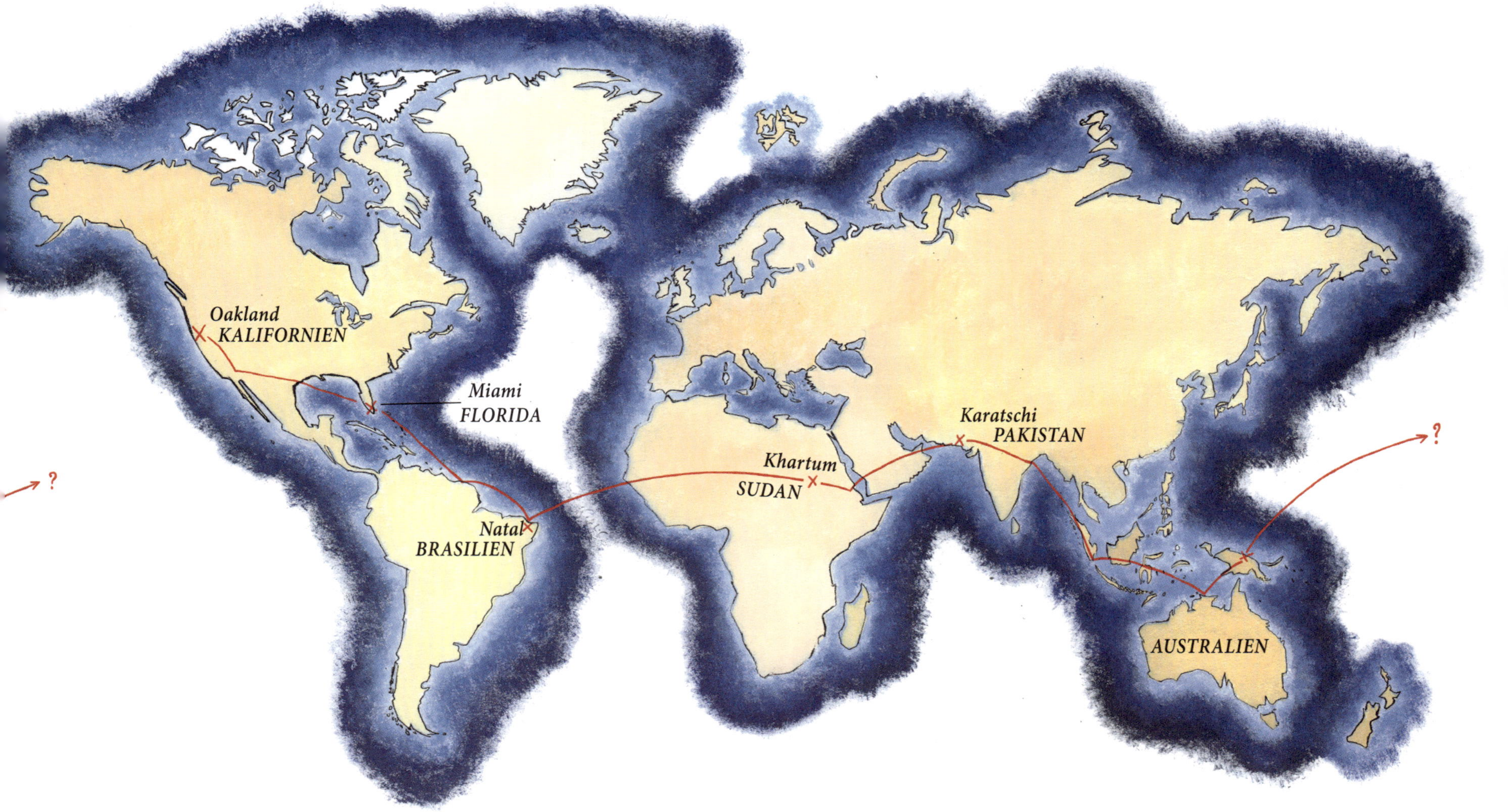

DAS ERSTE FLUGZEUG

Amelia sah ihr erstes Flugzeug beim Volksfest des amerikanischen Bundesstaats Iowa – da war sie zehn Jahre alt. Das Erlebnis hinterließ erstaunlicherweise keinen tieferen Eindruck bei ihr. Das Fluggerät erinnerte sie an einen »Holzstapel mit verrosteten Metalldrähten«.

»Ich wurde auf Amelias Erfolge aufmerksam, nachdem sie 1922 ihren ersten Weltrekord aufgestellt hatte, und verlor sie seitdem nicht mehr aus den Augen. Als ich sie zum ersten Mal traf, fiel mir vor allem ihr Blick auf. Diese Augen vermittelten unglaublichen Mut und seelische Kraft – seltene Eigenschaften, die man bei den wenigsten Menschen wahrnimmt.

Ich fühle mich zutiefst geehrt, dass sie mich gebeten hat, sie als Co-Pilot auf ihrer bisher wichtigsten Reise zu unterstützen.
Diese Reise wird in die Geschichte eingehen! Sie ist riskant, aber Amelia hat mich gelehrt, dass eine drohende Gefahr dich stärker und auf lange Sicht leistungsfähiger macht. Die Angst vor Risiken schränkt dich ein, und für alle, die gerne fliegen, dürfen solche Einschränkungen nicht existieren.
Ich bin bereit, meinem Captain zu folgen!«

Fred Noonan, Co-Pilot

VIVIENNE DE WATTEVILLE (1900–1957)

»Ich kam zurück, weil ich bezaubert war, weil Afrika mich gelehrt hatte, dass es nur in diesen wilden Weiten möglich war, sich selbst zu finden und die Bedeutung des Wortes ›Einheit‹ zu erfassen.«

Vivienne de Wattevilles Liebe zu AFRIKA entstand auf eine wirklich ungewöhnliche Weise. Als sie 23 Jahre alt war, wurde ihr Vater Bernard, ein berühmter Schweizer Naturforscher, mit der JAGD und dem Sammeln von Präparaten exotischer Tiere für das NATURHISTORISCHE MUSEUM IN BERN beauftragt. So bauten leider viele Museen Anfang des 20. Jahrhunderts ihre zoologischen Sammlungen auf. Vivienne beschloss, ihren Vater nach Ostafrika zu begleiten. Gemeinsam gingen sie auf eine 18-monatige Safari durch Uganda, Kenia und den Kongo. Dabei wurden hundert Großwildtiere gefangen, aber eines Tages griff ein Löwe Viviennes Vater an und verletzte ihn lebensgefährlich. Vivienne versuchte alles, um ihn zu retten, musste aber zusehen, wie ihr Vater in ihren Armen starb.

Trotz dieser Tragödie gab Vivienne nicht auf. SIE VOLLENDETE DEN AUFTRAG IHRES VATERS. Zurück in Europa, schrieb sie ein Buch über ihre Erfahrungen, das ein durchschlagender Erfolg wurde.
Afrika hatte sie jedoch in seinen Bann gezogen. 1928 plante Vivienne eine erneute Safari, diesmal mit dem Ziel, die Tiere in ihren natürlichen Lebensräumen zu erforschen. In KENIA schlug sie ihr Lager in einem Gebiet auf, in dem viele große Säugetiere ihre Weidegebiete hatten. Viele Monate lang lebte sie in engem Kontakt mit Elefantenherden. Mehr als einmal wurde sie fast von Nashörnern überrannt. Sie erkundete weite Gebiete Ostafrikas, bestieg Berge und entdeckte Wasserfälle im Tal des Mount Kenia. Einer wurde sogar nach ihr benannt (VIVIENNE FALLS).
Sie hielt ihre Erlebnisse auf vielen Fotos fest und schrieb nach ihrer Rückkehr ein weiteres Buch über ihre Erlebnisse, das ebenfalls ein großer Erfolg war. Viviennes Werke boten intime Einblicke in »ihr« Afrika, und ihre Beschreibungen von Orten und Tieren erlaubten es den Leserinnen und Lesern, ihre Abenteuer mitzuerleben und in die bezaubernde Atmosphäre einzutauchen. Ihre Reiseberichte beeinflussten viele weitere Autorinnen und Autoren des 20. Jahrhunderts.

EIN EHRLICHER BLICK ZURÜCK

In ihrem ersten Buch schilderte Vivienne vor allem das Jagen und Töten von Tieren. Als eine Neuauflage anstand, dachte sie über das nach, was sie früher getan hatte, und überlegte, das Buch umzuschreiben oder Details ihrer Jagdschilderungen auszulassen, für die sie sich nun schämte. Angesichts des erwachenden Interesses für Tierschutz in der Gesellschaft befürchtete Vivienne, dass man ihre früheren Aussagen als herzlos empfinden könnte. Zu guter Letzt entschied sie sich dafür, den ursprünglichen Text nicht zu überarbeiten, weil es ihr wichtiger war, die Öffentlichkeit auf die Art und Weise aufmerksam zu machen, wie die Sammlungen in Museen früher tatsächlich zustande gekommen waren.

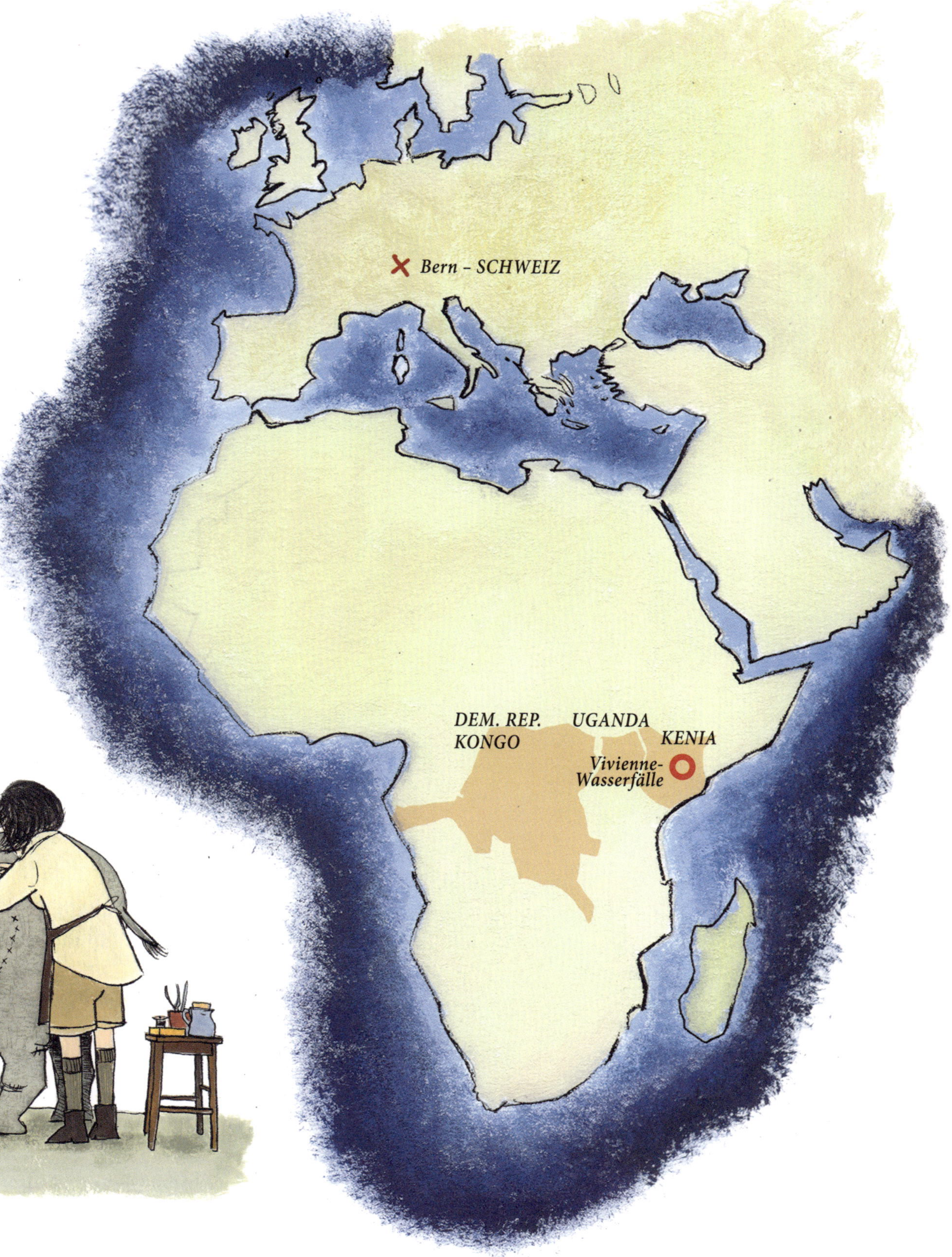

DIE PRÄPARATORIN

Bevor man die Körper toter Tiere in Museen ausstellen kann, müssen sie von Fachleuten präpariert werden, um sie haltbar zu machen. Vivienne bereitete persönlich die in Afrika erlegten Tiere dafür vor. Viele davon sind noch heute im Naturhistorischen Museum in Bern erhalten.

KEINE BEWEGUNG!

Während der Safari, die Vivienne mit ihrem Vater unternahm, gab es mehrmals Begegnungen mit Großkatzen im Lager. Als Vivienne eines Abends ihr Zelt verließ, stand sie Auge in Auge einem Löwen gegenüber. Anstatt wegzulaufen, blieb Vivienne stocksteif stehen. Glücklicherweise machte sich der Löwe dann wieder aus dem Staub.

ZAHNSCHMERZ

In ihrem zweiten Buch *Zum Tee bei den Elefanten* berichtet Vivienne, wie sie sich selbst half, als sie einmal von schrecklichen Zahnschmerzen geplagt wurde. Kaltblütig zog sie sich eigenhändig den Zahn mithilfe zweier Zangen und einer an einem großen Stein befestigten Angelschnur.

ELLA MAILLART (1903–1997)

»Es gibt nur eine wahrhafte Form des Reisens, die, bei der man auf die Menschen zugeht.«

Sie gewann zwar keine Medaillen, aber Ella Maillart trat bei den Olympischen Spielen 1924 als jüngste Athletin an. Sie war nicht nur eine gute Skifahrerin, sie gründete auch im Alter von 19 Jahren den ersten weiblichen Hockeyklub in der Westschweiz und segelte nach Korsika. Ihre LEIDENSCHAFT FÜR DEN SPORT habe sie wohl von ihrer Mutter geerbt, meinte Ella.
Bereits früh zeigte die freigeistige junge Frau ihr Interesse für Geografie, vor allem die ASIENS. 1930, nachdem sie durch einige Gelegenheitsarbeiten Geld gespart hatte, begab sie sich auf ihre erste Reise. Diese führte sie in die SOWJETUNION, wo sie von der kommunistischen Gesellschaft schwer beeindruckt war. Aber am meisten interessierte sie das Kennenlernen der verschiedenen Kulturen Asiens. In den folgenden Jahren organisierte sie viele weitere Expeditionen.
In der Regel nur mit leichtem Gepäck und ohne gültige Papiere und Genehmigungen unterwegs, litt Ella oft unter Kälte, Hunger und Erschöpfung, aber sie gab nie auf. Sie reiste von Turkestan nach China, durchquerte die Taklamakan-Wüste und traf viele Nomadenstämme, deren Gastfreundschaft sie genoss. Sie folgte der Seidenstraße nach Indien, erreichte Afghanistan mit dem Auto und bekannte sich schließlich zum BUDDHISMUS.
In vielen erfolgreichen BÜCHERN schrieb sie über ihre Erlebnisse und dokumentierte ihre Reisen mit Fotos und Filmen. Heute haben diese Unterlagen einen bedeutenden historischen Wert, sie gewähren tiefe Einblicke in die verschiedenen Kulturen und wurden in Museen auf der ganzen Welt ausgestellt.
Mit 82 Jahren kehrte Ella noch einmal nach Nepal und Tibet zurück und beendete damit die Reihe ihrer spektakulären Abenteuer als Weltreisende. Im Alter zog sie sich in ein Dorf in den Walliser Alpen in ihrer Schweizer Heimat zurück, wo sie mit 94 Jahren starb.

REISEN MIT LEICHTEM GEPÄCK

Ella reiste stets mit reinen Absichten – ihr einziges Ziel war Wissen. Ihr Gepäck war immer leicht; nicht einmal einen Schlafsack hatte sie dabei. Ihr wertvollstes Ausstattungsstück waren für sie ihre Stiefel.

LEBEN WIE DIE NOMADEN

In den Weiten Zentralasiens lebte Ella mit den Kirgisen, nomadischen Viehzüchtern. Einfache Jurten, kreisförmige, mit Filzdecken belegte Zelte, schützen ihre Bewohner gegen die harsche Witterung. Nachts beobachtete Ella das Sternenzelt durch eine Öffnung an der Zeltspitze.

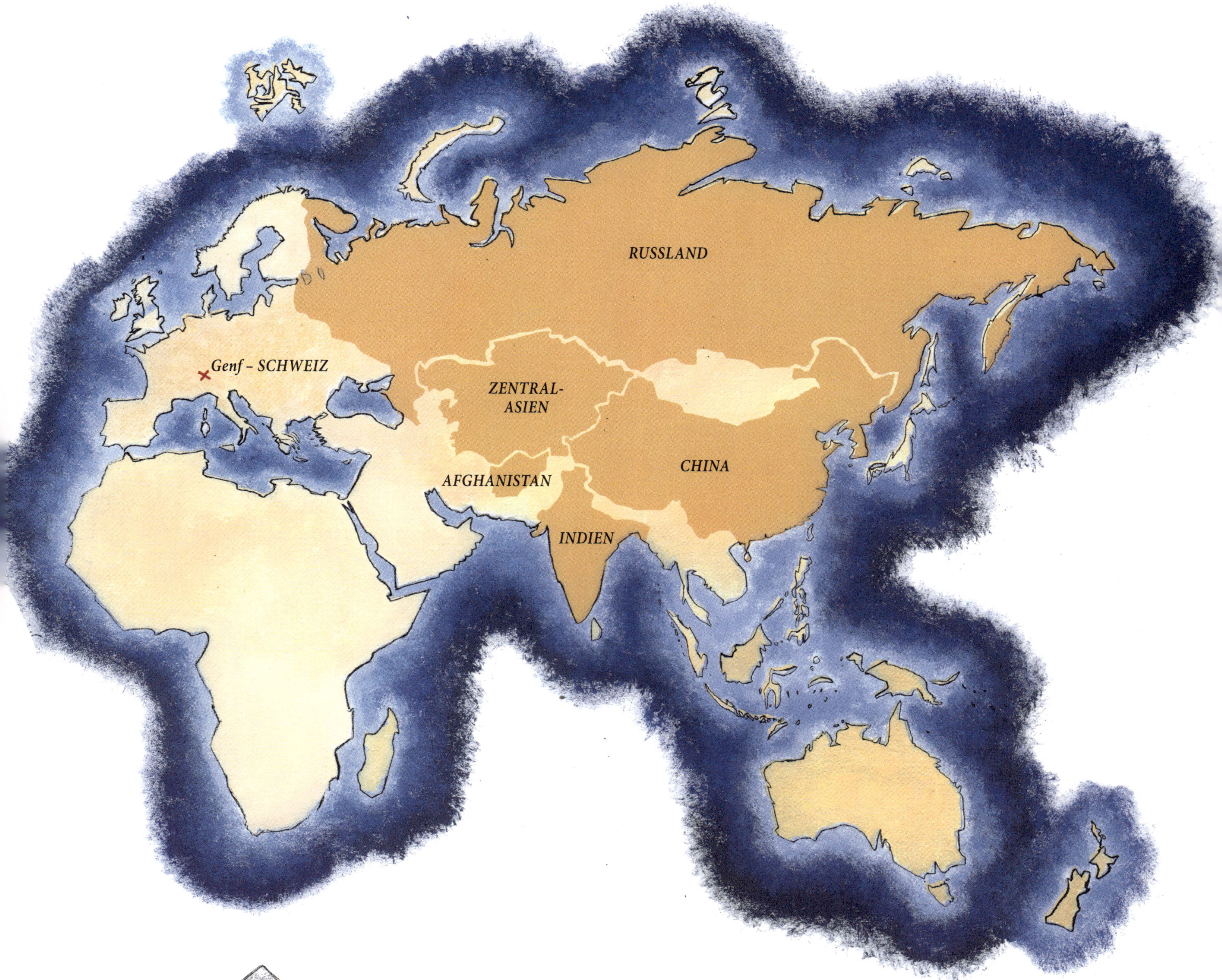

REISEN MIT ANNEMARIE

1939 fand Ellas abenteuerlichste Reise statt, mit der Freundin Annemarie Schwarzenbach an ihrer Seite, einer Schriftstellerin und Fotografin. Sie durchfuhren Europa und den Mittleren Osten in einem Auto und kamen damit bis nach Kabul in Afghanistan. Ihre Erlebnisse beschrieb Ella in einem ihrer erfolgreichsten Werke: *Der bittere Weg – Mit Annemarie Schwarzenbach unterwegs nach Afghanistan.*

FRAUEN DER WELT

In Asien traf Ella viele Frauen aus unterschiedlichen Kulturen, die ihr mehrmals aus großen Nöten halfen. In ihren Büchern beschreibt sie diese Frauen als still, schüchtern, unvorstellbar großzügig und ganz ihrer traditionellen Rolle verhaftet.

WALENTINA TERESCHKOWA (GEB. 1937)

»Aus dem Weltraum erkennt man erst, wie klein und zerbrechlich die Erde ist.«

Walentina Tereschkowa war DIE ERSTE FRAU IM WELTALL, aber auch die erste Kosmonautin, die die Erde umkreiste und die einzige Frau, die je eine Solo-Weltraummission unternahm.

Diese Erfolge musste sich Walentina jedoch hart erarbeiten. Als Tochter einer einfachen Familie, die ihren Vater im Zweiten Weltkrieg verlor, arbeitete sie bereits als Jugendliche als Schneiderin und Textilarbeiterin. Über die wirtschaftliche Not half ihr eine Leidenschaft hinweg, die ihren weiteren Lebensweg entscheidend bestimmen sollte: das FALLSCHIRMSPRINGEN. 1961 schickte die Sowjetunion mit Juri Gagarin den ersten Menschen ins All. Für die nächste Mission fasste man eine Frau ins Auge. Die Kosmonautin sollte eine erfahrene Fallschirmspringerin sein, und Walentina, die schon immer von einem Flug ins All geträumt hatte, nutzte die Chance. Sie kam zusammen mit vier weiteren jungen Frauen in die Auswahl für die anstrengende Ausbildung. Am Ende des Trainings stand Walentina als erste Weltraumreisende für die UMRUNDUNG DER ERDE fest.

Am 16. Juni 1963 startete Walentina an Bord des Raumschiffs Wostok 6. Nach mehreren Erdumrundungen erkannte sie, dass sie sich von der Erdumlaufbahn entfernte und dass die Koordinaten für den Wiedereintritt in die Atmosphäre falsch berechnet waren. Die Wostok war ein automatisches Raumschiff ohne Instrumente zur Steuerung. Walentina musste sich vollkommen auf das KONTROLLZENTRUM AUF DER ERDE verlassen, das schließlich die Umlaufbahn mit großer Mühe korrigieren konnte. Mit bemerkenswertem Mut blieb Walentina 70 Stunden und 50 Minuten in der Raumsonde – insgesamt fast drei volle Tage – und UMKREISTE DEN PLANETEN INSGESAMT 48-MAL. Schließlich sprang sie am 19. Juni 1963 über Kasachstan im richtigen Moment mit einem Fallschirm aus der Kapsel ab.

Nach ihrer Rückkehr feierte man sie als NATIONALHELDIN und ehrte sie mit der Verleihung zahlreicher ziviler und militärischer Orden.

NOCH EINMAL, MIT GEFÜHL

Erst 2007 enthüllte Walentina alle Details ihrer Reise ins All. Wegen technischer Probleme während des Fluges musste sie weit länger als geplant in ihrer Kapsel verharren, was zu Übelkeit und Schmerzen in den Beinen und im Nacken führte. Außerdem erlitt sie eine harte Landung, wobei sie sich schwer an der Nase verletzte. Die Raumfahrtbehörde wollte sie in diesem Zustand nicht der Öffentlichkeit präsentieren. Nachdem Walentina sich etwas von den Strapazen erholt hatte, inszenierte man ihre Landung für die Kameras neu, um die Geschichte etwas besser aussehen zu lassen.

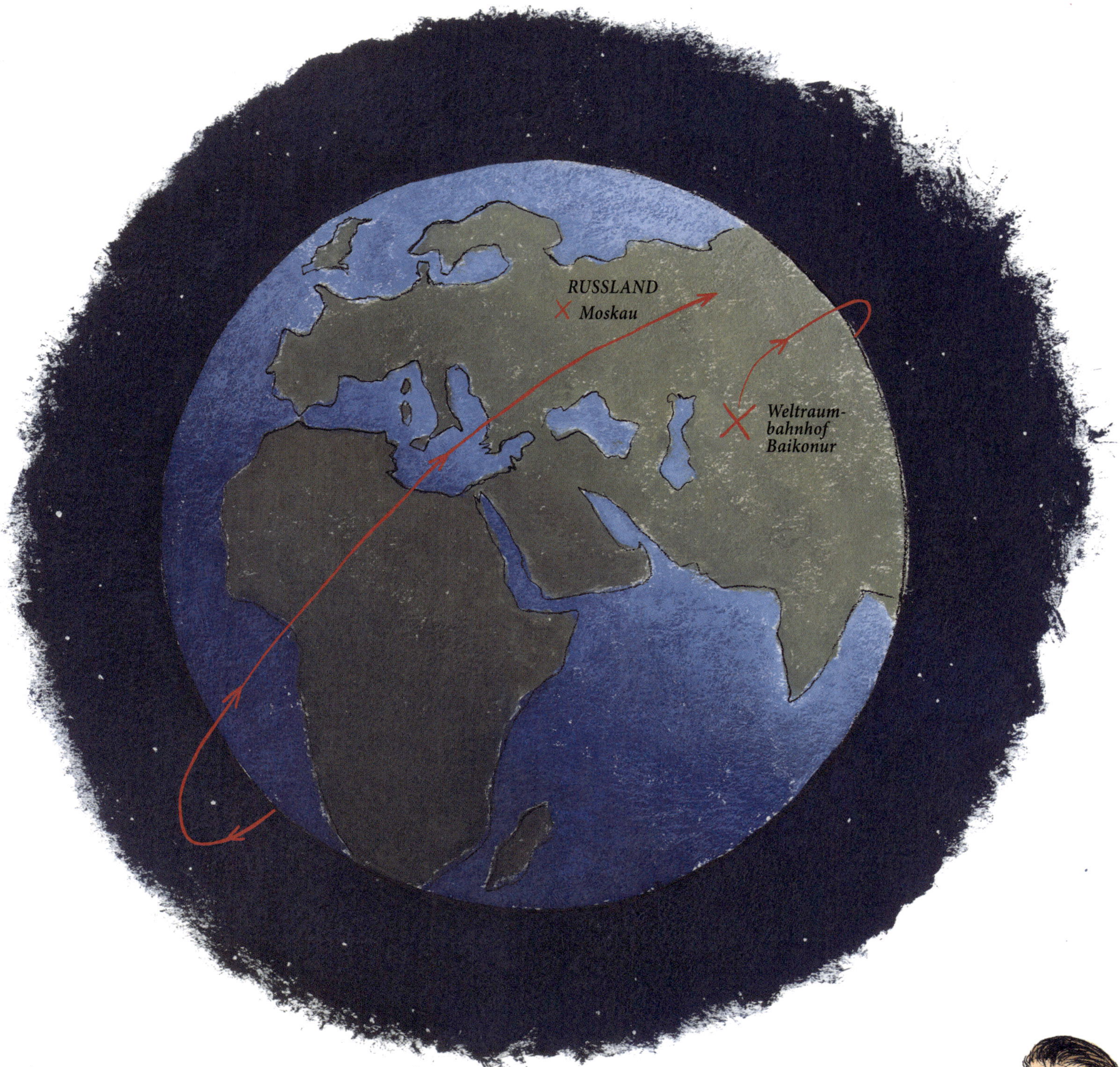

NOTLÜGE

Als sie zu ihrer Weltraummission aufbrach, machte Walentina ihrer Familie weis, dass es sich um einen Wettbewerb für Fallschirmspringer handelte. Die Wahrheit erfuhren die überraschten Verwandten dann aus dem Rundfunk.

(T)RAUMHOCHZEIT

Einige Monate nach ihrer Rückkehr aus dem All heiratete Walentina einen Kosmonauten-Kollegen. Die Ehe war von der Kommunistischen Partei der Sowjetunion arrangiert worden, die neugierig war, wie wohl ein Kind von Raumreisenden aussähe.

MÖWE IM ALL

Für die Funkkommunikation mit dem Kontrollzentrum auf der Erde wählte Walentina das Rufzeichen *Tschaika*, was »Möwe« bedeutet. Zu Ehren der Kosmonautin benannte ein sowjetischer Kamerahersteller eine erfolgreiche Produktreihe nach ihr.

»Wer einmal im Weltraum war, ob Mann oder Frau, kann nur eines feststellen: Unser Planet ist wunderbar. Ich sehe ihn von hier oben und bin begeistert von seiner Schönheit. Ich liebe ihn so, wie eine Mutter ihr Kind liebt. Ich glaube, ich muss ihn beschützen. Ich fühle seine Zerbrechlichkeit, und ich bin bewegt, denn während ich über seine Ozeane, Berge, Wüsten und riesigen Wälder fliege, weiß ich, dass ich als Mensch für den Erhalt all dieser Schönheit verantwortlich bin.«

Walentina Tereschkowa

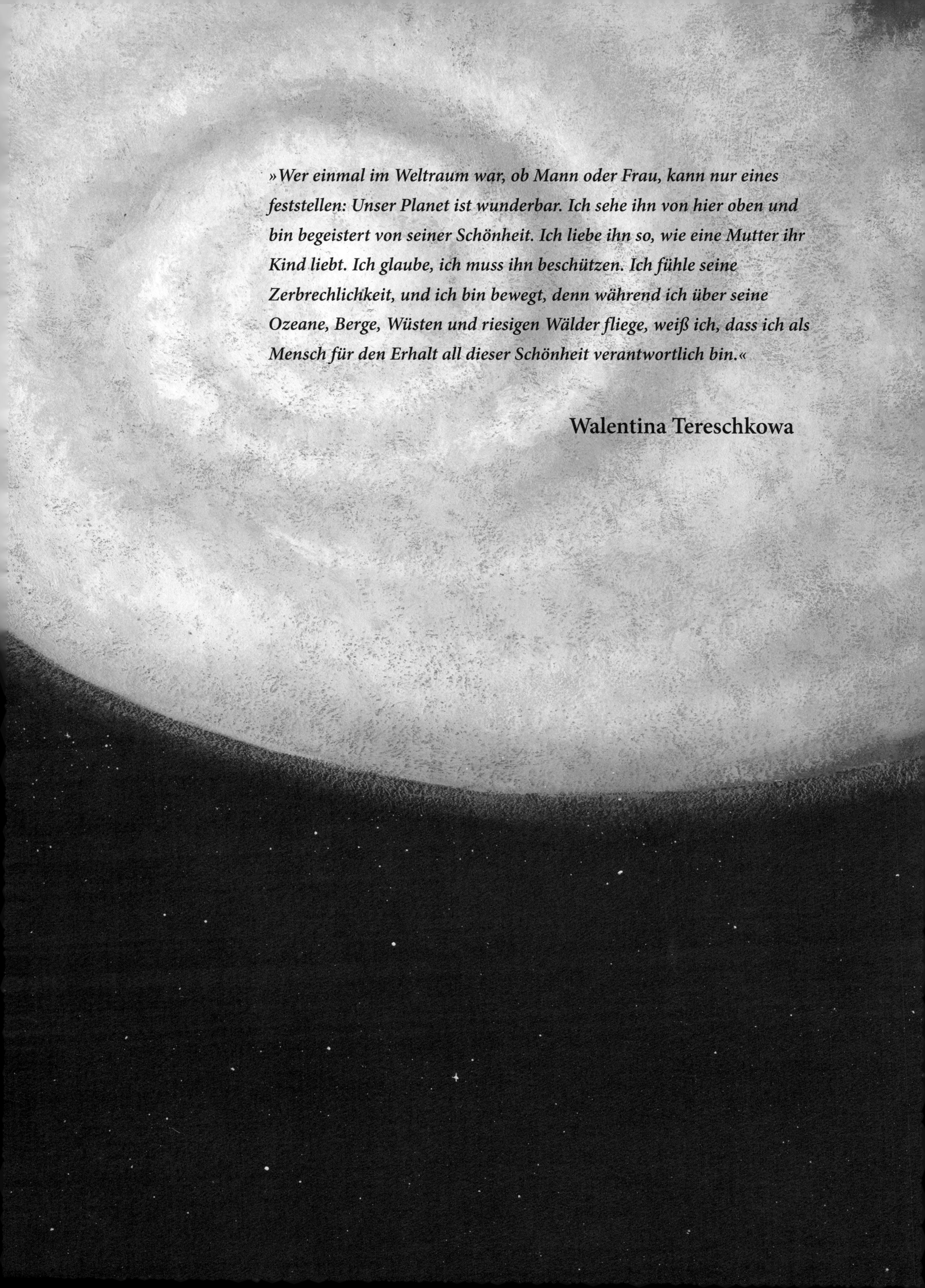

JUNKO TABEI (1939–2016)

»Ich verstehe nicht, warum die Männer so viele Umstände um den Everest machen – das ist doch nur ein Berg!«

Junko war ein kränkliches Kind. Sie war die Kleinste unter ihren Geschwistern und litt unter ständigen Atembeschwerden. Nichts deutete darauf hin, dass sie später eine große Bergsteigerin werden würde.
Aber wahre Stärke ist nicht immer körperlich, sondern zeigt sich auch in Willenskraft und Leidenschaft.
Als Junko 10 Jahre alt war, führte eine Lehrerin ihre Schulklasse zum Nasu-dake-Vulkankomplex im japanischen Nikkō-Nationalpark. Die Luft, die Kälte und die Landschaft prägten sich Junko tief ein, und ihr wurde klar, was sie als Erwachsene machen wollte: BERGE BESTEIGEN.
Sie studierte und erwarb einen Abschluss in Anglistik, ohne ihren Traum aus den Augen zu verlieren. Sie war vom Bergsteigen mit Männern enttäuscht, deshalb gründete sie 1969 eine Gruppe von Kletterinnen, den LADIES CLIMBING CLUB. Mit ihren Kameradinnen organisierte sie eine Expedition auf den Annapurna III in Nepal (7555 Meter). Der Aufstieg stellte sie vor große Herausforderungen, es war so bitter kalt, dass Filme in Fotoapparaten gefroren und zerbrachen. Nach diesem ersten Versuch widmete sich Junko der Besteigung des MOUNT EVEREST (8848 Meter), aber es war schwer, Sponsoren für die Finanzierung der Expedition zu finden. Tatsächlich schien niemand zu glauben, dass eine Frau eine so anspruchsvolle Aufgabe bewältigen könnte.
1975, nach fünfjährigem Training, begann Junko den Aufstieg und leitete eine Gruppe von 15 Frauen, die von SHERPAS begleitet wurde. In 6300 Metern Höhe wurde ihr Lager von einer Lawine verschüttet. Glücklicherweise gab es keine Todesopfer, aber Junko war einige Zeit bewusstlos. Trotz der Katastrophe verlor sie nicht den Mut, und mithilfe ihres Sherpas Ang Tsering erreichte sie allein den Gipfel. Sie hatte als erste Frau den Everest bezwungen.

Sie machte weiter und hatte 1992 als erste Frau alle »SEVEN SUMMITS« bestiegen, also die höchsten Berge auf jedem der sieben Kontinente.
2012 wurde bei ihr Krebs diagnostiziert, aber selbst das hielt Junko nicht auf. Sie blieb dem Alpinismus bis kurz vor ihrem Tod im Jahr 2016 treu. Ihre Leidenschaft und Entschlossenheit machten sie zu einer der bekanntesten Bergsteigerinnen der Welt.

BEWÄLTIGUNG VON FUKUSHIMA

Junko wurde in der japanischen Präfektur Fukushima geboren, die 2011 durch einen schweren Nuklearunfall traurige Berühmtheit erlangte. Ein Jahr danach führte Junko eine Gruppe von Studenten und Kindern, die der Strahlung ausgesetzt gewesen waren, zum Gipfel des Berges Fuji. Das machte sie von nun an jedes Jahr.
Im Juli 2016, mit 76 Jahren, stieg sie zum letzten Mal mit einer Gruppe auf den Berg.

EIN BEISPIEL GEBEN

Als Junko den Everest bestieg, hatte sie eine drei Jahre alte Tochter. Weil sie ihr ein Vorbild sein wollte, ließ sie sich nie entmutigen. Die Verwirklichung ihres Traums und ihres einmal gefassten Beschlusses waren so wichtig für sie, dass Junko die Expedition mit anderen Mitgliedern teilweise selbst finanzierte.

MÜLL AUF DEM GIPFEL

1975, als Junko den Gipfel des Everest erreichte, gab es dort kaum menschliche Hinterlassenschaften. Vor ihr waren überhaupt nur 36 Bergsteiger dort gewesen. Leider ist der Everest heute die höchstgelegene Müllkippe der Welt, weil der alpine Tourismus so stark zugenommen hat. Junko engagierte sich dafür, Bergsteigern beizubringen, wie man Müll richtig entsorgt oder vermeidet.

AUF MESSERS SCHNEIDE

Ehe sie auf dem Gipfel des Everest stand, musste Junko Tabei den messerscharfen Gipfelgrat überwinden: 15 Meter auf extrem schmalem Eis und Gestein über zwei jähen Abgründen. Auf der chinesischen Seite geht es 5000 Meter in die Tiefe, auf der nepalesischen Seite sind es sogar 6400 Meter.

ANN BANCROFT (GEB. 1955)

»Glücklicherweise gab es ein paar Lehrer, die mich nicht aufgaben.«

Als Kind wurde bei Ann Bancroft eine LESE-RECHTSCHREIB-SCHWÄCHE festgestellt. Es fiel ihr schwer, dem Unterricht an ihrer Schule in Minnesota zu folgen. Weil sie das ärgerte und sie keine Außenseiterin in ihrer Klasse sein wollte, verbarg sie ihre Behinderung vor den Lehrern. Sie gab ihr Bestes, um in der Schule mitzukommen. Als ihre Lehrer schließlich doch den Grund für ihre schlechten Noten herausfanden, taten sie alles für Ann, um ihr den ersehnten Besuch einer höheren Schule zu ermöglichen.

Dafür war Ann so dankbar, dass sie sich entschied, selbst LEHRERIN zu werden. Mithilfe ihrer Lehrer baute sie Mut und Selbstvertrauen auf – die Grundlage dafür, sich später im Leben großen Herausforderungen zu stellen. So konnte Ann auch ihren größten Wunschtraum verwirklichen: ENTDECKERIN WERDEN!
1986 war sie die erste Frau, die den NORDPOL zu Fuß erreichte.
Diesem ersten Erfolg folgten viele weitere. Im Jahr 2001 durchquerte sie mit ihrer Partnerin Liv Arnesen die Antarktis. Diese Leistung brachte Ann den Spitznamen »Eiskönigin« ein. Sie ist bisher die einzige Frau, die zu beiden Polen vorgedrungen ist.
Dank ihrer Polarerfahrung erkannte Ann frühzeitig die Gefahren der Eisschmelze als Folge des KLIMAWANDELS. Dieses Phänomen, das weitgehend vom Menschen verursacht wird, kann sich auf unseren Planeten katastrophal auswirken. Dank ihres Bekanntheitsgrads gelang es Ann, führende Persönlichkeiten aus Politik und Wissenschaft auf der ganzen Welt zu treffen und sie für dieses Problem zu sensibilisieren. Als Lehrerin und Forscherin setzt sie ihr Vertrauen in die Fähigkeit junger Menschen, die Zukunft der Erde und ihrer Bewohner zu sichern.

PFADFINDERINNEN

1997 gründete Ann ihre eigene Stiftung, die Ann Bancroft Foundation, die Mädchen und Frauen dabei unterstützt, ihre Träume zu verwirklichen. Ann ist auch Mitglied vieler Umweltorganisationen und engagiert sich für die Pfadfinderinnen in den USA.

EIN GROSSER WURF

Neben Ann Bancroft nahmen an der Nordpolexpedition sieben Männer und 49 Hunde mit vier Schlitten teil. Zwei Teilnehmer gaben bald auf, aber die anderen sechs erreichten ihr Ziel nach 1600 Kilometern und 56 Tagen.

FRAUENEXPEDITIONEN

Ann organisierte rein weibliche Expeditionen nach Grönland, zum Nordpol und in die Antarktis. Für ihre Leistungen wurde sie mit einem Platz in der Hall of Fame für Frauen der USA geehrt.

FRÜH ÜBT SICH

Ann lebte mit ihrer Familie zwei Jahre in Afrika. In Kenia bekam sie einen ersten Eindruck vom Leben als Entdeckerin. Als sie im Alter von acht Jahren in die USA zurückkam, machte sie mit ihrem Vater Minnesota unsicher und unternahm Kanutouren auf Flüssen.

»Ein Unfall brachte unsere Expedition zum Nordpol in Gefahr. Vor einer neuen Etappe kam das Flugzeug, das uns Vorräte brachte, während der Landung auf dem Eis ins Schlittern. Schreckensstarr sahen wir zu, wie es immer näher auf uns zu rutschte. Ein Propellerflügel traf den Schlitten mit unserer Ausrüstung und beschädigte einen von Livs Schneeschuhen.
Glücklicherweise schien der Schaden gering zu sein, also reparierten wir den Schneeschuh und machten uns auf den Weg. Vor uns lag die Arktis, und wir hatten Vorräte für zwei Monate.

Der Wind peitschte so stark über die Oberfläche des gefrorenen Bodens, dass er Eissplitter aufwirbelte. Selbst mit Schneeschuhen an den Füßen fühlten wir uns, als liefen wir barfuß auf Sand. Schließlich zerbrach Livs beschädigter Schneeschuh endgültig, und innerhalb kürzester Zeit erfroren drei Zehen an ihrem Fuß.
Uns beiden war klar, dass Liv unter diesen extremen Bedingungen nicht mit einem kaputten Schneeschuh weiterlaufen konnte, also beschlossen wir, aufzugeben und zurückzukehren.
Die meisten Menschen reden nicht gerne über ihre Misserfolge, aber ich erzähle diese Geschichte immer den Kindern. Manchmal haben wir keinen Einfluss darauf, warum wir versagen. In solchen Situationen kann man eigentlich nur vermeiden, dass aus einem Fehler ein schwerer Fehler wird. Wenn Liv und ich uns entschieden hätten, weiterzumachen, wären wir sicherlich nie zurückgekehrt. Dieses Scheitern hat uns letztendlich klüger und stärker gemacht.«

Ann Bancroft

EDURNE PASABAN (GEB. 1973)

»Nachdem ich schon auf der ganzen Welt geklettert war, erkannte ich am Fuß eines Achttausenders, wie klein wir angesichts der Natur sind – deswegen habe ich Respekt vor ihr.«

Manche Errungenschaften sind nur wenigen in der Menschheitsgeschichte gelungen: eine Weltumrundung, die Durchquerung einer Wüste, der Aufenthalt im Weltall oder die Besteigung der höchsten Gipfel der Welt. Edurne Pasaban, eine spanische Bergsteigerin, ist DIE ERSTE FRAU, DIE JEDEN BERG BEZWUNGEN HAT, DER HÖHER ALS 8000 METER IST. Nur 40 Alpinisten gehören bislang zu diesem exklusiven Kreis.

Solche Leistungen erfordern natürlich Talent, vor allem aber ein hohes Maß an Vorbereitung und Training. Edurne scheint für die Berge geboren. Mit 14 Jahren lernte sie in der Umgebung ihrer baskischen Heimatstadt Tolosa das Klettern. Im Alter von 16 Jahren bestieg sie den MONTBLANC, das MATTERHORN und den MONTE ROSA – jeweils über 4000 Meter hoch. Danach steckte sie ihre Ziele noch höher; mit 21 Jahren hatte sie schon Gipfelerfahrungen in der Zone über 6000 Metern gesammelt. Bergsteiger wissen, dass Erfahrung allein nicht ausreicht, um sich an Achttausender zu wagen – die höchsten Gipfel der Welt. Tatsächlich scheiterte Edurnes erster Versuch am Dhaulagiri im HIMALAYA. Sie schaffte es, in die Nähe des Gipfels – etwa 8167 Meter über dem Meeresspiegel – vorzudringen, aber es lag zu viel lockerer Schnee an der Spitze, deswegen musste sie aufgeben. Nach zehn Jahren und zwei weiteren Anläufen gelang es ihr schließlich, den Dhaulagiri zu besteigen. Aber zuvor feierte sie mehrere Erfolge, darunter die Besteigung ihres ersten Achttausenders: des MOUNT EVEREST. Sie erreichte den Gipfel im Mai 2001, nach zwei gescheiterten Expeditionen.

Edurne ging dabei nie allein. Sie wurde immer von Bergsteigerkollegen begleitet, häufig auch von ihrem Mann.

Dass Edurne als erste Frau alle 14 Achttausender besteigen wollte, überraschte niemanden. Dank harter Arbeit und mit viel Willensstärke sowie unendlicher Geduld gelang ihr schließlich am 17. Mai 2010 die Besteigung ihres 14. Achttausenders – des SHISHAPANGMA –, womit sie sich ihren Platz in der Geschichte des Alpinismus und der Menschheit sicherte. Die Erfolge erkaufte sie mit zehn Jahren Mühe, mehreren Krankenhausaufenthalten und Erfrierungen an beiden großen Zehen. Auch den Bergtod eines Freundes musste sie miterleben. Manchmal fehlte ihr beinahe die Kraft zum Abstieg, sie lief Gefahr, auf dem Gipfel festzusitzen und den Kältetod zu sterben. Aber Edurnes Entschlossenheit und Mut machen sie zu einer der größten Bergsteigerinnen aller Zeiten.

ALLES LIVE

Ab 2003 begleitete das spanische Fernsehen TVE Edurne Pasaban auf ihren Expeditionen. Durch die Serie *Al filo de lo imposible* (*Am Rande des Unmöglichen*) wurde sie zum Fernsehstar. Das Publikum sah gebannt zu, und Edurne ließ keine Gelegenheit aus, die Zuschauer für ihren Lieblingssport zu begeistern: den Alpinismus.

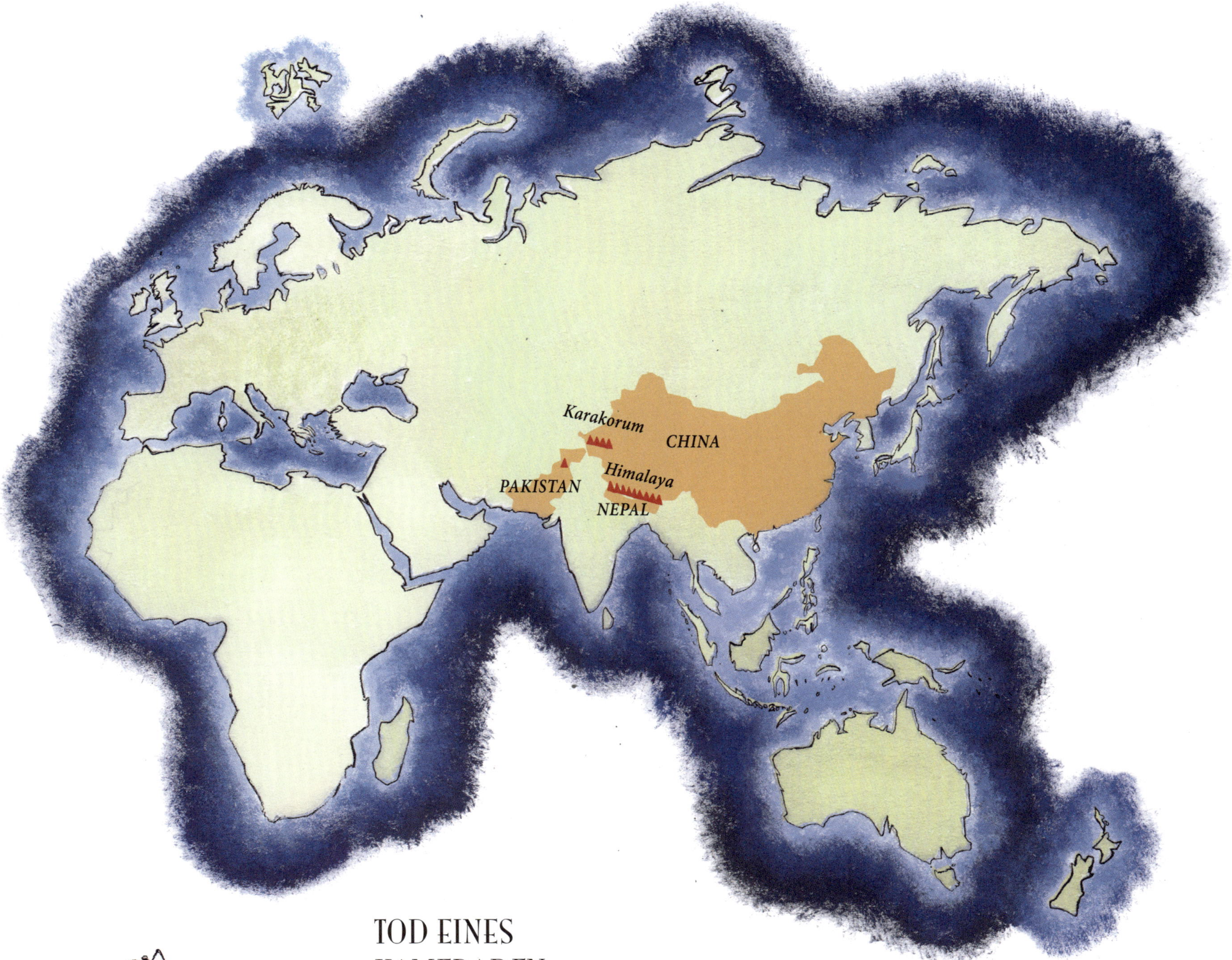

TOD EINES KAMERADEN

Auf dem Rückweg von der gescheiterten Besteigung des Dhaulagiri in Nepal stürzte am 12. Oktober 2001 Edurnes Begleiter Pepe Garcés über einen Abhang in die Tiefe. Das war ein großer Verlust für die ganze Bergsteigerwelt und besonders für Edurne. Sie stellt die Bergkameradschaft über alles, auch auf Kosten ihrer eigenen Pläne.

LUFT ZUM ATMEN

Am Mount Everest und beim Abstieg vom Kangchendzönga benötigte Edurne eine Sauerstoffmaske. Das liegt daran, dass der Sauerstoffgehalt der Luft in großen Höhen stark abnimmt.

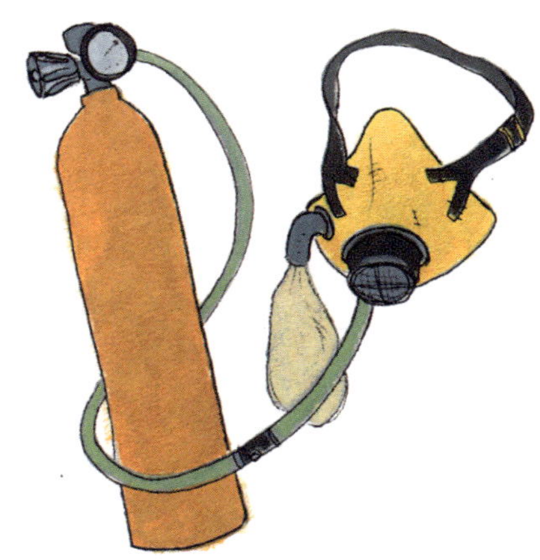

14 ACHT-TAUSENDER

Gipfel über 8000 Meter Höhe gibt es in China, Pakistan, Nepal und Indien. Zehn davon gehören zur Bergkette des Himalaya und vier zum Karakorumgebirge.

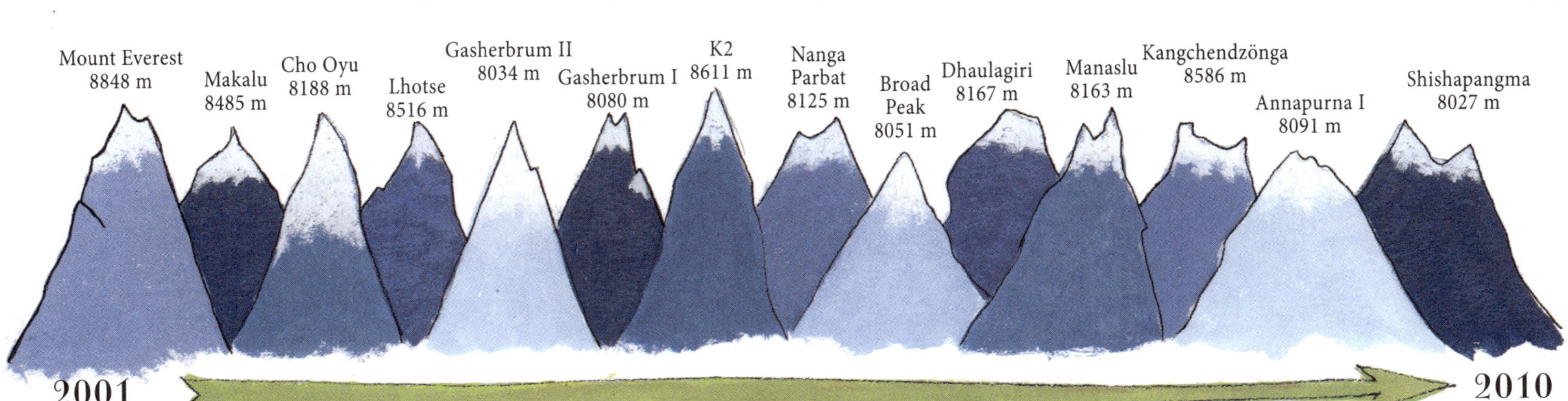

»Der Berg selbst lehrte mich, dass der Weg wichtiger als das Ziel ist. Als ich den Gipfel des Shishapangma, mein letzter Achttausender, erreichte, waren viele überrascht, dass ich keine Freude zeigte. Ich hatte gerade als erste Frau alle Gipfel der höchsten Berge der Welt bestiegen, aber ich schien es kaum erwarten zu können, wieder herunterzukommen.

Natürlich war ich glücklich und zufrieden mit dem Ergebnis, aber ich erkannte, dass der Gipfel nur ein Punkt ist, an dem man das Abenteuer abschließen kann. Die aufregendsten Momente kommen vorher, wenn man noch mit dem Aufstieg kämpft und nur wenige Meter vom Gipfel entfernt ist. In diesen Momenten fließen unglaubliche Freude und Energie durch den Körper, denn dann erkennen wir, dass nichts und niemand uns aufhalten kann.

Die Gipfel der Achttausender werden immer dort bleiben, wo ich sie zurückgelassen habe, aber die hart erarbeitete Entschlossenheit und Ausdauer, die ich bei jedem Aufstieg Schritt für Schritt erworben habe, werden mich ein Leben lang begleiten.«

Edurne Pasaban

LAURA DEKKER (GEB. 1995)

»Ich liebe Boote. Wenn du irgendwohin willst, hast du dein Zuhause immer dabei.«

15 Jahre war Laura Dekker alt, als sie allein zu einer Weltumsegelung aufbrach, bei der sie 40 000 Kilometer in einem 12 METER LANGEN SEGELBOOT zurücklegte.
Das klingt unglaublich? Nicht für ein Mädchen wie Laura, die sogar auf einem Boot geboren wurde. Ihre Eltern waren unterwegs im Indischen Ozean, als ihre Tochter im Hafen von Whangarei in Neuseeland zur Welt kam. Sie verbrachte ihre ersten vier Lebensjahre auf dem Boot. Als sie sechs Jahre alt wurde, schenkte ihr Vater ihr eine leichte Jolle mit Glasfaserrumpf. In den Kanälen rund um das Dorf Wijk bij Duurstede in den Niederlanden lernte Laura segeln.
Mit diesem kleinen Boot konnte man aber keine weiter entfernten Ziele erreichen. Laura steckte ihr erstes selbst verdientes Geld in eine Hurley 700, ein 7-Meter-Segelboot, das sie *GUPPY* nannte. Mit diesem bestand sie ihre ersten Segelabenteuer.
Eines Tages – Laura war gerade 13 Jahre alt – erhielt ihr Vater einen Anruf der Hafenbehörde der Stadt Lowestoft in England. Seine Tochter war selbstständig und ohne Hilfe dorthin gesegelt und er sollte sie doch bitte nach Hause holen!
Aber Laura wollte mit ihrem Segelboot AUF WELTREISE gehen. Ihr Vater ermutigte sie, aber für ein so ehrgeiziges Projekt musste er ihr ein größeres Boot besorgen, das wieder auf den Namen *Guppy* getauft wurde.
Das Vorhaben war in der Öffentlichkeit und in Lauras Familie umstritten. Die Behörden lehnten den Plan ab, sogar Gerichte wurden eingeschaltet. Laura galt als zu jung für eine so anspruchsvolle Reise. Erst nach vielen Gerichtsterminen, Anhörungen und öffentlichen Debatten konnte sie endlich von der niederländischen Stadt Den Osse aus nach Gibraltar in See stechen. Von dort startete sie am 21. August 2010 offiziell ihre Reise.
Nach 518 TAGEN hatte sie ihr Ziel erreicht, dabei piratenverseuchte Gewässer durchquert und widrigen Wetterbedingungen getrotzt. Am 21. Januar 2012, mittlerweile 16 Jahre alt, beendete sie schließlich ihre Weltreise in Sint Maarten in der Karibik.
Dank dieser herausragenden Leistung wurde sie berühmt, und sie segelt auch jetzt noch. Die *Guppy* wurde ihr Zuhause, und sie lebte auf dem Boot mit ihrem Mann Daniël, den sie 2015 geheiratet hat.
Laura stürzt sich immer wieder in neue Projekte und sorgt dafür, dass Tausende von Leserinnen und Lesern, die ihren Blog verfolgen, alles darüber erfahren.

SITZENBLEIBER

Laura nahm Schulbücher mit an Bord, aber Spot, ihren treuen Hund und ständigen Begleiter bei vielen Abenteuern, musste sie zu Hause lassen.

IMMER ONLINE

Als nur 15-jährige Einhandseglerin war Laura nie wirklich allein, weil sie ständig an einem Blog über ihre Erlebnisse schrieb. Dank dieses beliebten Kommunikationskanals hielt sie während ihrer ganzen Reise Kontakt zur Außenwelt, außer in den zwölf Tagen Funkstille, in denen sie die piratenverseuchten Gewässer im Indischen Ozean durchqueren musste.

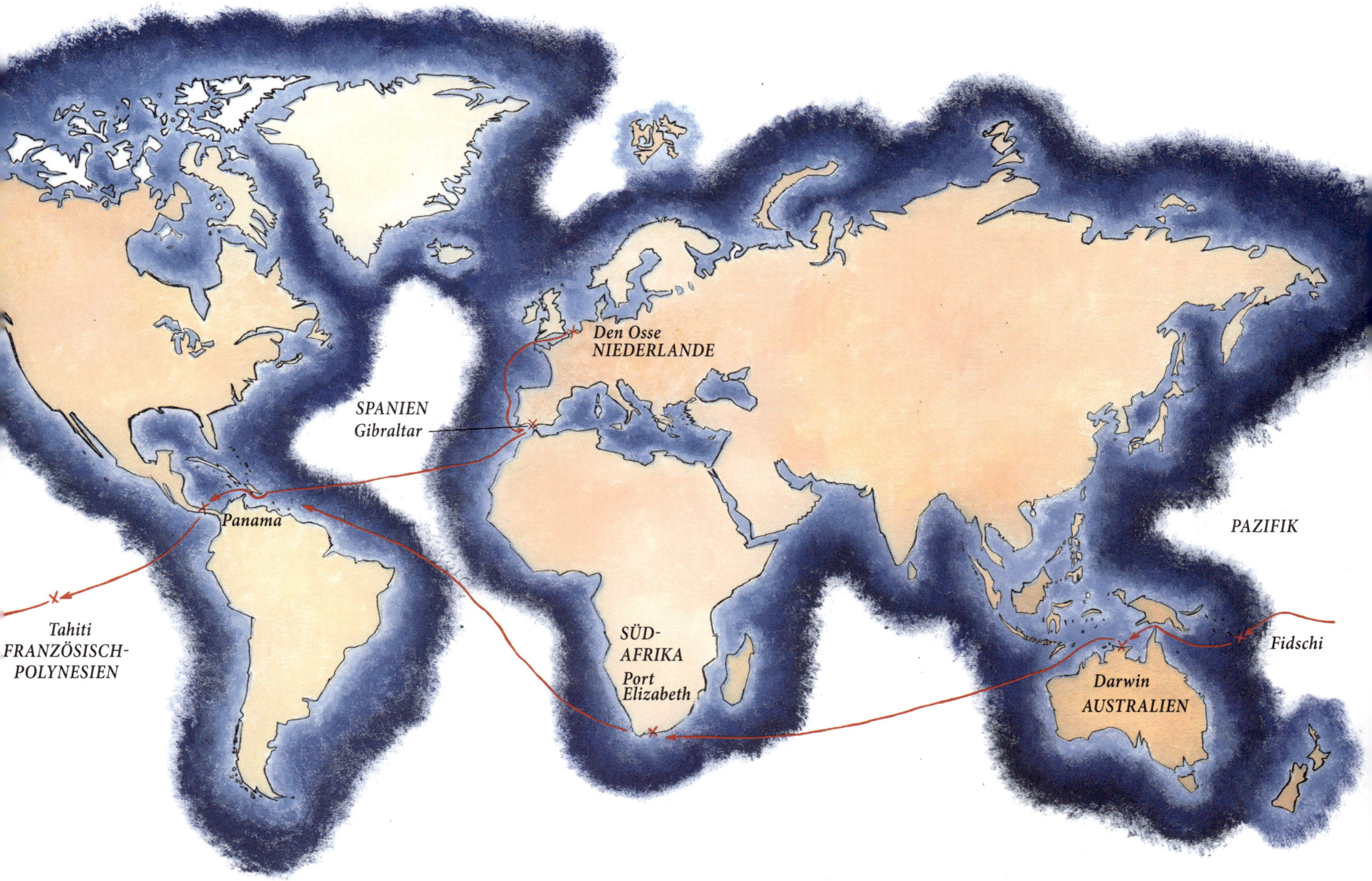

DIE *GUPPY*

2018 spendete Laura ihr Segelboot *Guppy* einer amerikanischen Wohltätigkeitsorganisation. Es war auf den Riffen des Manihiki-Atolls bei den Cookinseln im Südpazifik auf Grund gelaufen und gekentert. Laura erklärte, dass dieser Verlust ihr großen Schmerz bereitet habe.

REBELLISCH

Weil sie verärgert über das juristische Tauziehen war, das vor ihrer Weltreise beinahe zur Einweisung in ein Heim unter Aufsicht der Jugendbehörden geführt hätte, hisste Laura die Flagge ihres Geburtslandes Neuseeland demonstrativ über der ihrer niederländischen Heimat.

»Einen schöneren Geburtstag hätte ich mir nicht wünschen können! Ich bin jetzt in Australien, in der Stadt Darwin, Halbzeit! Mein Vater ist hier, zusammen mit meinen Freunden, wir feiern mit ein paar Ballons und einem Kuchen.

Ich habe so viele Geburtstagswünsche und E-Mails von Freunden, Unterstützern und Lesern meines Blogs erhalten. Es fühlt sich an, als würde ich von Tausenden von Menschen umarmt! Papa kam vor einigen Tagen hier an, und zusammen haben wir die Guppy *einer Überholung unterzogen. Der Indische Ozean wartet auf mich, und ich muss gut vorbereitet sein.*

Morgen wird meine Freundin Jillian zurück in die Niederlande reisen, deshalb bin ich ein wenig traurig. Ich werde sie vermissen, so wie ich meine Familie vermisse. Aber gleichzeitig kann ich es kaum erwarten, dem Wind zu folgen, denn ich weiß, dass er für mich weht. Er wird meine Segel füllen und mich über den Horizont befördern, wo nur das Meer, der Himmel, die Sterne, die Sonne und die Stille warten. Dort draußen werde ich mit meinen Gedanken allein sein.«

Laura Dekker

RICCARDO FRANCAVIGLIA und MARGHERITA SGARLATA

Riccardo Francaviglia und Margherita Sgarlata sind beruflich und privat ein Team. Sie wohnen am Fuß eines Vulkans in der sizilianischen Provinz Catania in Italien. Riccardo schreibt und illustriert Geschichten, zu denen Margherita die Farben beisteuert. In Italien haben sie bereits 30 Bücher veröffentlicht, darunter Kinderbücher und Fibeln. Viele davon sind auch in der Schweiz, in Deutschland, England, Kanada, Korea und Portugal erschienen. Riccardo lehrt das Fach Illustration an der Accademia di Belle Arti von Catania. Das Ehepaar hat gemeinsam die ganze Welt bereist und, wo immer es möglich war, Workshops für Illustration und Puppentheater-Aufführungen organisiert.

1. Auflage 2023
ISBN 978-3-03876-240-9

Übersetzung:
Dietmar Schmitz

Lektorat und Überarbeitung:
Claudia Koch, Ilmenau

Satz:
Ulrich Borstelmann, Dortmund

Projektleitung:
Gregory C. Zäch, Zürich

Grafische Gestaltung:
Valentina Figus

Originalausgabe: © 2020 White Star Srl, Italien
Piazzale Luigi Cadorna, 6, 20123 Milan, Italy,
www.whitestar.it

White Star Kids® is a registered trademark property of White Star s.r.l.

Printed in China

Bibliografische Information der Deutschen Bibliothek
Die Deutsche Bibliothek verzeichnet diese Publikation in der Deutschen Nationalbibliografie unter www.dnb.de.

Midas Verlag AG, Dunantstrasse 3, CH 8044 Zürich
kontakt@midas.ch, www.midas.ch,
socialmedia: follow »midasverlag«